日本を亡ぼす岩盤規制

既得権者の正体を暴く

経済評論家
上念 司
Tsukasa Jonen

飛鳥新社

日本を亡ぼす岩盤規制　**目次**

「つまらない」を超えて内容が異常/視聴者の利便性など眼中にない/日本のテレビ利権の総本山/張り巡らされた放送業界の既得権/リモコンのチャンネルにも岩盤規制が/事実に基づかない報道のオンパレード/もし、日本で電波オークションを行ったら

日本の銀行に何が起こったのか?/「銀行」というビジネスモデルは死んだ/審査能力のない銀行/ある日突然、手のひらを返した日銀/スルガ銀行事件は氷山の一角/銀行は経営危機に陥る

金満体質を暴く/「NHKが勝訴した」は大嘘/NHKは儲けすぎている/放送センター建設負担を現役世代に押し付ける/国民に受信料を返還せよ/NHKは分割民営化すべき

はじめに

「岩盤規制」とは、言ってみれば「おバカ校則」みたいなものだ。

まず、内容が古い。戦争直後の食料不足、住宅不足に対処するために作られたもの、GHQが決めたことをそのまま踏襲《とうしゅう》しているものなど枚挙に暇がない。どれだけ過去を引きずってるんだ。

次に、根拠がない。いや、一応表向き畜産農家の保護とか、減反廃止といった美しい大義名分はある。ところが、その効果は検証されることなく、全く別の目的（大概は既得権の温存）に利用されている。

そして、一番問題なのはこれが最終的に社会主義経済に行きつくという点だ。「岩盤規制」は自由主義経済の対局にある。その背景には「自由な経済活動よりもエリートが敷いた線路の上を走った方が経済は発展する」という誤った思想があるからだ。

残念なことに、これほど誤ったルールが、「それが決まりであるから」という理由だけで未だに生き残っている。なぜなら、その上に胡坐《あぐら》をかいて楽をして金を儲けるモデル、いわゆる既得権が横たわっているからだ。自分は関係ないと思っても、普段は気付かないところに岩盤規制は厳然として存在し、我々の生活を圧迫する。それはスーパーの乳製品売り場にも、病院のベッドにも、銀行のATMにも、子供が通う保育園にもべったりとこびりついて離れない。牛乳が余っているのにバター不足が起こったり、保育園をいくら増設しても待機児童が減らなかったり、NHKの受信料が全く使われずに貯金されているのも、すべて岩盤規制のせいだ。実は誰もが一度は岩盤規制によって不利益を蒙《こうむ》っているのだ。そして、本来それを告発すべきテレビ、新聞も実は岩盤規制でオイシイ思いをしている。これではもう話にならない。

いま日本に存在する岩盤規制の大半は古い自民党体質の残滓《ざんし》である。バブル時代、「日本は最も成功した社会主義国家である」というジョークがあったが、あながち間違いではないかもしれない。日本は自由主義経済であるにも拘《かか》わらず、ありとあらゆる業界に社会主義的な規制が存在している特異な経済構造を持っているのだ。これは戦時統制の名残《なごり》か？　それともGHQの置き土産か？　いずれにしても、これでは支那を笑えない。

本来、こういった古い自民党体質と対決し、改革を要求するのは野党の務めだ。ところが維新の会などごく一部を除き、野党は完全にイカれてしまった。こともあろうに野党が岩盤規制の擁護に回っている。あべこべに岩盤規制と戦っているのはむしろ安倍政権である。

象徴的な事件を1つ紹介しよう。安保法制の時のバカ騒ぎを覚えているだろうか。2015年、与党が提出した平和安全法制に対して、民進党をはじめとした野党とそれに呼応した自称「市民」が国会前で連日連夜大騒ぎをしたあの事件だ。この法律は憲法9条に違反し、日本が戦争をするための法案であり、徴兵制が復活すると叫んでいた。彼らは口々に「憲法を守れ！」「立憲主義」などと主張していた。

この時バカ騒ぎをしていた集団とほぼ同じメンバーが、その後モリカケ問題で同様の騒ぎを起こした。しかし、彼らは文科省による重大な憲法違反について、完全にスルーした。その問題とは加計学園による今治市での獣医学部新設を文科省が妨害し続けたという問題だ。元財務官僚で特区制度に詳しい高橋洋一氏は、この問題の核心について次のように解説している。

今回、岡山理科大学が獣医学部を新設希望した愛媛県今治市は、平成28年（２０１６）1月、認可申請できないという異常な事態を、認可申請できるという普通の状態にする国家戦略特区に指定されました。

同じく国家戦略特区に指定された京都府も、京都産業大学に獣医学部を新設の申請をすることを目指していました。そしてこの年の11月、国家戦略特区の諮問会議で獣医学部の新設の申請が52年ぶりに認められ、平成29年（２０１７）1月、今治市が事業者を公募したところ、京都産業大学は準備不足で断念。加計学園だけが名乗りを上げ、今治市で新設の申請をする方針が決まりました。

実際の認可は、文科省において検討され、新設が決まったのは文科省の認可がでた11月でした。この認可作業は、文科省関係者のみが関わっています。（『現代ビジネス』http://gendai.ismedia.jp/articles/-/55655)

２０１７年11月、52年ぶりとなる獣医学部の新設が文部科学省の大学設置・学校法人審議会で認可された。今治市と加計学園の15年間の努力が実った形だ。しかし、52年間「(獣医学部を）認可申請できない異常な事態」が続いたこと、これこそが憲法違反であった。
そもそも、憲法には自由権が規定されている。該当する条文には次のように書いてある。

日本国憲法第十三条　すべて国民は、個人として尊重される。生命、自由及び幸福追求に対する国民の権利については、公共の福祉に反しない限り、立法その他の国政の上で、最大の尊重を必要とする。

すべての国民の自由は最大限尊重される。よほどの理由（公共の福祉に反するなど）がない限りその自由を制限することはできない。この条文をどう読んでもそのように解釈できる。しかし、文科省はこの条文解釈を52年間曲げてきた。彼らは理由がなくても官僚の裁量で勝手に自由が制限できると解釈したようだ。
国民の自由には「経済の自由」が含まれている。個人も、そして個人の集団である法人も公共の福祉に反しない限り自由に経済活動を行うことができる。これが日本国憲法の定めたルールだ。そして、獣医学部の新設も経済行為に含まれる。よって、よほどの理由がない限りこれを止めることはできない。そもそも、文科省は大学設置要件を定めているわけで、少なくともこれを満たす限り、速やかに認可しなければならない。

ところが、獣医学部についてのみ、52年間にもわたって文科省はこれを拒否した。理由は「獣医師は足りている」というものだった。ところが、その主張の根拠となる数値、データ、方程式は一切示されなかった。仮に、この主張が獣医師会と既存の獣医学部を持つ大学の勝手な言い分を代弁しただけだとしたら、監督官庁の意味がない。癒着《ゆちゃく》官庁と揶揄《やゆ》されても文句は言えないだろう。

なぜなら、憲法が認める自由権を制限しようとするなら、当然制限する側にそれが合理的であり、妥当であることを立証する責任があるからだ。文科省は当然数値的な根拠をしっかり示さなければならなかった。ところが、それは示されることはなかった。

しかも、文科省はその違憲状態を念押しするためにご丁寧に告示（平成15年3月31日文部科学省告示第45号）まで出している。もちろん、その告示にも根拠となる数値、データ、方程式は一切示されていない。ついこの間まで、この告示を根拠に、獣医学部新設の申請書だけは受け取らず、ずっと門前払いにしてきたのだ。

告示は国会の決議すら経ていない官僚の勝手な命令であり、上位法令である法律や憲法の規定する内容を超えることは許されない。敢えて言うならそれが憲法秩序というものだ。

もし、官僚が憲法や法律を無視して好き勝手なルールを国民に押し付けられるとしたら、憲法秩序は崩壊する。大変残念であるが、こと文科行政において現実のものとなっていたと言うことになるだろう。

さて、ここで話を元に戻したい。安保法制のバカ騒ぎをやっていた集団のことを思い出してほしい。その集団は安保法制の時は「憲法を守れ」だの、「立憲主義」だの偉そうに吠えていたが、文科省の明確な憲法違反に対して何をしただろうか？

彼らは、天下りの斡旋《あっせん》という違法行為に手を染めた、単なる汚職官僚である前川喜平《きへい》氏(元文科省次官)を、権力者を告発した英雄に仕立て上げ、本当の問題である憲法違反、国民の自由を踏みにじる違法行為に蓋《ふた》をした。そして、獣医学部を新設させないという岩盤規制を守ったのだ。口蹄疫《こうていえき》や鳥インフルエンザの予防に苦しむ地方自治体は多くの獣医師を欲していたが、野党はそれを踏みにじった。結果的に国民の経済的利益が犠牲になったのだ。そして、憲法を巡る、誰の目にも明らかなダブルスタンダードも目に余る。こんな連中が本気で立憲主義を求めているとは思えない。

そもそも、国会前でバカ騒ぎをしていた自称「市民」の中には多数の極左暴力集団が含まれていたことが分かっている。およそ民主主義とはかけ離れた思想を持つ過激な共産主義者が「護憲」を叫ぶ。何とも滑稽《こっけい》だ。そんな過激派の浸透を許していた時点で、この運動が本気で憲法を守ることを求めていたかどうかは疑わしい。

安倍総理は気の毒である。彼はむしろ憲法違反の文科省の暴挙《ぼうきょ》を止めさせる側にいた。そして、それは「岩盤規制」を打ち破る行為そのものであった。特区制度はそのために利用されただけの話だ。何があったかは冒頭引用した高橋洋一氏の説明がすべてだ。特区制度においては、既存の規制であっても合理的な根拠となる数値が示せないものはすべてリセットされる。ここまでしてやっと文科省は、憲法違反の告示を撤回した。ついに獣医学部新設の申請書は受理され、文科省の審査を経て認可された。認可したのは文科省であり、安倍総理ではない。いったいどこに総理の関与や疑惑があるというのだろうか？ 単に、いままで獣医学部新設の申請書を受け取らず門前払いしていたのが憲法違反だったというだけの話だ。

むしろ、疑惑があるのは国民民主党の玉木雄一郎議員や、自民党の石破茂議員ではないのか？ 彼らは獣医師会から献金を貰ってこの岩盤規制を擁護していた可能性が否定できない。ますます疑惑が深まっている。

残念ながら日本のジャーナリズムは死に絶えている。玉木、石破問題に切り込むマスコミは皆無だ。実はテレビや新聞も岩盤規制によって守られている既得権者であり、文科省の汚職官僚の仲間みたいなものなのだ。こんな連中に期待するだけ無駄である。

獣医学部新設問題は日本の岩盤規制を象徴する大変分かりやすい事例だ。国民は自由に商売をする権利が憲法で認められている。そして、儲けた分だけ納税の義務を負う。別の言い方をすれば、国民は豊かになるために自由に活動できるし、政府は国民が豊かになった分だけ税収を得るウィンウィンな関係を憲法は定めている。

ところが、国民の自由な経済活動を妨害する邪《よこしま》な勢力が存在する。獣医学部新設問題において、普段は隠れているその勢力の一部が表に炙《あぶ》り出された。前川喜平氏に象徴される文科省の利権集団、玉木氏、石破氏などの政治家、そしてそれらの片棒を担ぐマスコミだ。

実は、文科省の汚職は想像を絶するものだった。そこには野党である立憲民主党の影がちらつく。なぜなら、逮捕起訴された文部科学省の前科学技術・学術政策局長の佐野太《ふとし》被告と、仲介役を果たした医療コンサルティング会社の元役員、谷口浩司被告を東京医大の理事長に引き合わせたのは、立憲民主党の衆議院議員である吉田統彦《つねひこ》氏だからだ。

立憲民主党は安倍総理に対して「疑われたら、疑われた側が潔白を証明せよ」と悪魔の証明を迫っていたのであるから、身内の不祥事についても同じ基準で追及すべきだろう。

しかし、立憲民主党は追及どころかまともな釈明会見すら開かず、この件から逃げ回っている。そして、マスコミもこの問題にはだんまりを決め込んだままだ。岩盤規制とはまさに触れ得ざるもの、日本の大問題なのである。

本書はその触れ得ざる問題に大きく切り込んで、真の実情を炙り出すために書かれた。マスコミが絶対に触れない既得権の闇を白日の下に晒《さら》し、その巨悪の消滅を願って、戦いを挑む。自由な経済こそが国民を豊かにし、国を強くする。日本経済の弱体化で喜ぶのはいったい誰なのか？　考えてみれば答えは簡単に分かりそうなものだ。この点については読者諸君の賢明な判断に委ねたい。

第1章

財務省

危険すぎる！　財務省を監視せよ

写真：三木光/アフロ

残酷すぎる数字

経済政策は難しいと決めつけてはいけない。そう言う人に限って自分で考えることをせず、偉い人が言ってるとか、頭のいい人が言ってるとか、みんなが言っていると他人に丸投げして自分で考えようとしない。

人間は日々、お金を使って経済活動をしている。そういう意味では経済のプロだ。その感覚はとても鋭く、金融理論を理解しない人でも、デフレが迫ってきたらそれを何となく感じて行動を変える人が多い。実は、日々生活している人こそが経済の主人公であり、最も経済を理解しているのだ。

これとは逆に、財務省、マスコミ、御用学者は人々の正しい経済認識をわざと混乱させるようなノイズを垂れ流している。その典型が「財政危機」という史上最大のデマだ。このデマはとてもたちが悪い。これらの人々は国内で大きなネットワークを形成しているだけでなく、実は海外にも多くの仲間を持っているからだ。いや、むしろこの「宗教」の総本山はヨーロッパにあるかもしれない。それぐらい、「緊縮」という誤った「清貧の思想」

は人々の心を魅了してしまうようだ。

「将来への不安が消費を鈍らせている」などとしたり顔で解説するエコノミストを信じてはいけない。その不安は少し景気が良くなるとすぐに増税することに対する不安だからだ。むしろ、増税によって将来への不安が掻《か》き立てられている。まさに本末転倒な事態が世界中に起こっているのだ。

アベノミクスはあと一歩でデフレを完全脱却するところまで来ている。しかし、どうしても日本をデフレのままにしておきたい勢力がいるらしい。ことさらに財政危機を煽り、増税の必要性を説くのは財務省だ。そして、奇妙なことに自民党の大多数の議員と野党も財務省の尻馬に乗って増税が必要だという。デフレに戻れば経済は不安定化し、財政はむしろ悪化するのに、なぜ財務省はそれを望むのか？

世の中には客観的な事実より、個人的な好き嫌いを優先する人が多い。そして、彼らには目の前で起こっていることが見えない。残念ながら、そういう人が日本のマスコミや野党に集まっているらしい。

彼らはアベノミクスで格差が広がったなどと吹聴《ふいちょう》するが、具体的な根拠がない。数字は残酷だ。就業者数が増加するなかで失業率が下がっている。誰がどう見ても、アベノミクス5年間の成果は絶大だ。詭弁《きべん》を弄《ろう》しても、これを否定することは難しい。

　いくらマスコミや野党が目を背けても、この数字がすべてを語っている。日本経済は確実に良くなった。少なくとも、落第続きだった民主党政権時代に比べれば格段に良い。この事実は隠せない。

　一昔前なら、マスコミはこの数字を捻《ね》じ曲げたり、隠したりすることができただろう。しかしインターネットの普及によって、彼らの「報道の自由」は大幅な制約を受けることとなった。かつて森喜朗《よしろう》総理の「神の国」発言で衆議院を解散に追い込めた時代は二度と来ない。あれは典型的な「切り取り報道」だった。いまなら、ほんの数分でネット上に発言

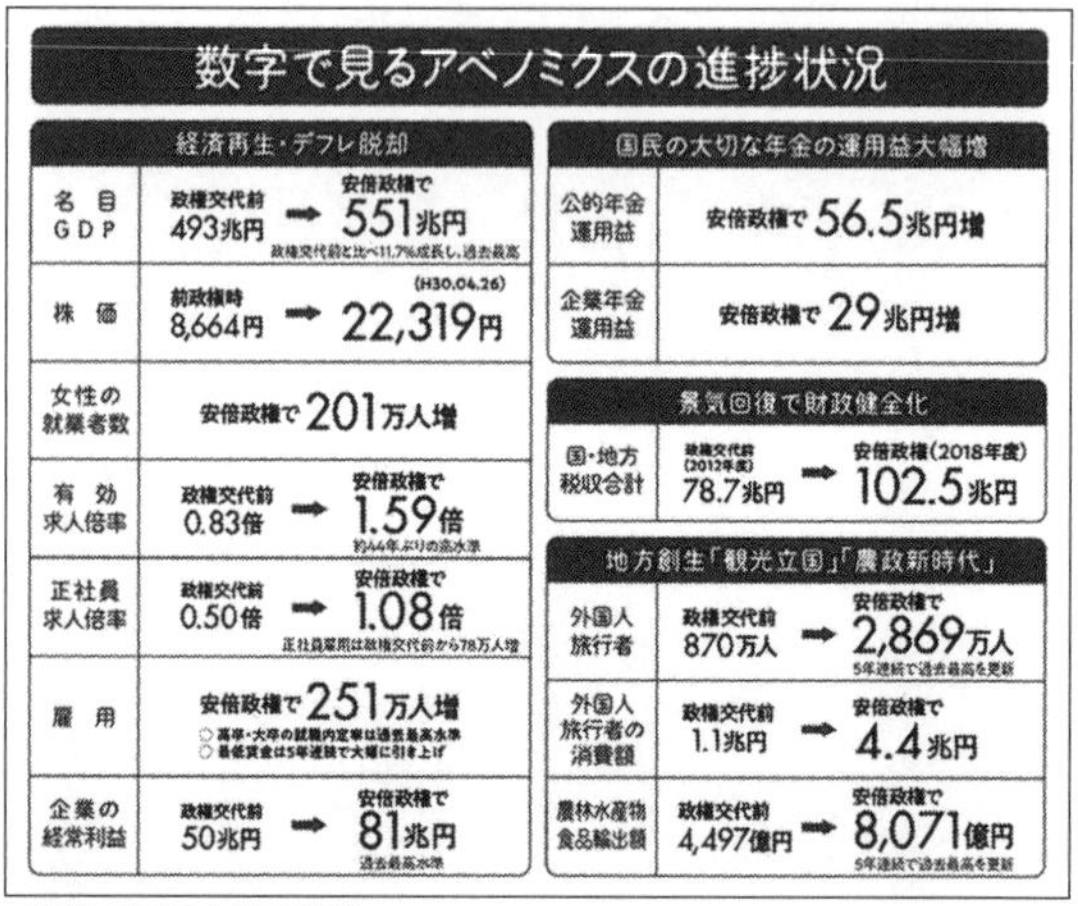

（出典／自由民主党FB投稿）

全文がアップされてしまうだろう。

若い世代ほど、マスコミの報道に左右されていない。内閣支持率、与党支持率が若年層ほど高いのはその証拠だ。そして、彼らこそが実際にアベノミクスの恩恵を受けている世代なのだ。

とはいえ、私はアベノミクスが百点満点だとは言わない。前よりも随分マシだが、まだまだこの政策には徹底すべきことがある。あえて言わせてもらえば、日本経済の潜在的な力から考えれば、過去5年間の伸びはまだまだ不十分だと言える。金融緩和も、財政出動も、そして規制緩和もやれることがたくさんある。なかでも一番残念なことは、アベノミクスにおいて最も重要な目標が未だに達成されていないことだ。

その目標とは、日銀の掲げる年率プラス2％という物価目標である。アベノミクスの最大の成果は、デフレからの脱却である。それを確実なものにするのがこの目標の達成なのだが、極めて残念なことに、なぜか未だに達成されていない。日本経済が再びデフレに逆戻りしないことを確実にするために必須であるこの目標が、なぜ達成されないのか？

あえて、その理由を先に言おう。財務省が邪魔をしているからだ。財務省こそが日本経済復活を阻害する最悪の集団であり、その解体なくして目標達成はあり得ない。アベノミクス5年間の軌跡を振り返って、私はそう結論せざるを得ないと確信した。

デフレの害悪

本書の読者であれば、デフレがどれほどの害悪をもたらすか、すでに釈迦《しゃか》に説法であろうが、念のためこの点について簡単に説明しておく。

極めて単純化すれば、日本が再びデフレに戻れば、尖閣を支那に明け渡すことになるだろう。なぜなら、デフレになると税収が減り、それに伴って国防予算も大幅に削られるからだ。

なぜ、デフレになると税収が減るのか？　そのメカニズムも極めて単純である。デフレ下ではモノが売れず、景気が悪くなる。税金は人々の所得や企業の利益に課されるため、景気が悪くなれば減って当然だ。

では、なぜ人々はデフレになるとモノを買わないのか？　デフレとは物価が連続的にマイナスになる状態であり、人々は将来的な物価の下落を予想してお金を貯め込んでしまうからだ。

ところが、これが大問題だ。なぜなら、経済を大きな視点からみれば誰かの支出は必ず誰かの収入になるからである。もし、みんながお金を使わなくなれば、みんなが収入を得られなくなることに等しい。つまり、デフレになれば所得が減り続けることになるのだ。

この負の連鎖を断ち切るためには、将来的にモノが値上がりする期待を全国民に刷り込まなければならない。そのために必要なのが、物価目標の達成に向けた強い「コミットメント」なのだ。

たとえば、物価目標プラス2％が達成された暁《あかつき》には、今年100万円で買えたものが来年は確実に102万円になる。お金を貯め込んで来年同じものを買えば、2万円確実に損する。こうなると、人々は値上がり前にモノを買おうと、貯め込んでいたお金をモノに換えようとする。消費が増加して景気が良くなり、給料が上がる。増税などしなくても、税収は自然に増えていく。

税収が安定的に増加するなら、国防費もそれに合わせて増加する。自衛隊の装備も最新式のものに更新できるだろう。間接的ではあるが、それが尖閣を守ることになるのだ。

つまり、政府および日銀が現金を貯め込もうとする人々の行動を思い留まらせることは、国を守ることに他ならない。そして、そのために最も効果的な方法は物価を上げることなのである。

日銀が財務省に「忖度《そんたく》」している

では、物価を上げるために何をすべきなのか？　まずは、物価上昇のメカニズムを正しく理解することからすべてが始まる。

世の中はモノとお金のバランスで成り立っている。モノの価値が上がるということは、お金に比べてモノが少ない状態のことだ。少なくとも、お金はモノよりも余っていなければならない。日銀はできる限り大量のお金を供給して、相対的にモノが少し不足している状態を作らなければならないのだ。

ところが、お金を大量に刷ると「ハイパーインフレ（年率13000%のインフレ）が起こる」と主張する人々が存在する。たしかに、際限なくお金を刷れば、物価は天文学的に上がるだろう。しかし、日銀の物価目標はたかが2%である。ハイパーインフレには程遠い。おそらく、彼らは徒《いたずら》に危機を煽り、日本をデフレのままにしたいのではないだろうか。

いや、それだけではない。肝心の日銀がフラフラしている。2018年4月の金融政策決定会合において、物価目標の達成時期見通しが削除された。これは、市場から物価目標の達成に消極的なのではないかという憶測《おくそく》を生んだ。黒田東彦《はるひこ》総裁は5月10日に都内で講演し、「各種のリスクがあり、不確実性が大きい状況では計数のみに過度な注目が集まることは適当ではない」（『産経新聞』２０１８年5月11日）と述べたそうだ。一体、何を言っているのだろうか。約束には期限がある。当たり前の話ではないか？

なぜ、ここへきて日銀の姿勢が弱腰に見えるか。その理由は簡単だ。日銀の親会社である財務省が良からぬこと（増税）を考えていて、子会社である日銀がそれを「忖度《そんたく》」しているからだ。

財務省は２０１９年10月に、消費税の増税を予定している。２０１４年の増税で明らかになったように、これは物価目標の達成に大逆風になる。客観的な数値で確認しておこう。

次ページの表は、安倍政権が成立した２０１２年以降の消費支出の金額と伸び率を表したものだ。

２０１３年まで順調に伸びていた消費支出に、14年から大ブレーキがかかっている。しかも、その大ブレーキは２０１６年まで緩《ゆる》むことがなかった。これだけモノが売れなければ物価が上がるわけがない。来年、消費税を増税すれば、これと全く同じことが起こることは誰の目にも明らかだ。日銀はそのことを見越して、達成時期に対するコミットメントを弱めた。そう解釈するのが一番自然ではないだろうか。

たしかに、日銀は1998年の日銀法改正で、表向きは政府から独立したことになっている。しかし、現在2期目を務める黒田総裁当人がそもそも財務省出身だ。元財務官僚の高橋洋一氏によれば、黒田総裁のDNAには、「Z（財務省）」、「セントラルバンカー」（中央銀行総裁）、「天邪鬼《あまのじゃく》」の三要素があるとのことである。なかでも、最も強い形質を発現しているのはZの要素だ。

その証拠に、次の発言を挙げておく。黒田総裁は2018年4月3日の衆議院財務金融

年	消費支出(円)	伸び率(%)
2012年	3,434,026	1.1%
2013年	3,485,454	1.5%
2014年	3,494,322	0.3%
2015年	3,448,482	-1.3%
2016年	3,386,257	-1.8%
2017年	3,396,330	0.3%

（出典／総務省家計調査）

委員会で、政府債務残高が「極めて高い水準」にあるとの認識を示し、「政府が中長期的な財政再建、財政健全化について市場の信認をしっかりと確保することが極めて重要」と発言した。

本来、財金分離の建前から考えれば、日銀総裁が国の財政について口出しすることはご法度《はっと》である。しかし、わざわざ中央銀行の総裁として財政再建、財政健全化を強調した。まさに、Zの遺伝子の発現とみて間違いない。

そもそも、日銀が物価目標をプラス2％に定めたのは2013年4月である。その手段として「量的・質的金融緩和」（QQE）が導入された結果、日本経済は飛躍的な復活を遂げた。少なくとも、この政策によって物価が連続的にマイナスになる最悪の状況を脱したことだけは確かだ。

現在、アベノミクスの成果と呼ばれているものの約8割は、金融政策（一本目の矢）に依存していると言っても過言ではない。

しかし、客観的な状況を考えてほしい。たしかに、日銀の政策によって物価がプラス転換したことは喜ぶべきことだが、それだけではまだ足りない。マイナスに二度と戻ることがない「のりしろ」を確実に確保しなければ、小さな経済的ショックでも日本経済はすぐにデフレに逆戻りしてしまうだろう。これでは、日本国民は安心して経済活動のリスクを取ることができない。

特に、企業経営者にとって「貸し剝がし」のトラウマは相当なものだ。一手指し間違えればデフレという状況下で、わざわざ銀行からお金を借りて投資する必要はないと考えて当然だろう。

2014年の消費税増税前、財務省は増税の影響は軽微だし、あったとしても短期で終わると豪語していた。しかし、これは嘘だった。先ほど確認した消費支出のデータを見れば、それは明らかだ。増税の悪影響により、日本経済は2016年まで一時的な足踏みを余儀なくされた。もちろん、それでも民主党政権時代に比べれば数段マシだが、ハッキリ言って、する必要のない苦労であり、無駄足だったといえる。ところが、財務省は全くこのことを反省していない。日本は再び同じ過ちを繰り返すのだろうか？

日銀は消極的にではあるが、消費税の増税が消費を落ち込ませ、日銀の物価目標の達成に悪影響を与えたことを認めている。2016年9月の金融政策決定会合の「総括的検証」において、日銀は物価目標が未達であった理由を次のように述べている。

2％の実現を阻害した要因

しかしながら、2％の「物価安定の目標」は実現できていない。その点については、上記メカニズムのうち予想物価上昇率の動向が重要である。すなわち、(i)①原油価格の下落、②消費税率引き上げ後の需要の弱さ、③新興国経済の減速とそのもとでの国際金融市場の不安定な動きといった外的な要因が発生し、実際の物価上昇率が低下したこと、(ii)そのなかで、もともと適合的な期待形成の要素が強い予想物価上昇率が横ばいから弱含みに転じたことが主な要因と考えられる。

未達の要因として挙げられた三つの理由のうち、二つ目は「消費税率引き上げ後の需要の弱さ」となっている。つまり、増税によって消費が落ち込んだことを公式に認めているのだ。

ところが、財務省は消費の落ち込みは一時的なものであると強弁していた。そして、いまだに続く消費の落ち込みについても「特殊要因」などといった詭弁を弄している。〝子会社〟である日銀は遠慮がちに消費税の悪影響を指摘したが、〝親会社〟は無視する構えのようだ。

消費者物価指数の推移（前年比%、2018年3月の統計は前年同月比%）

	総合（CPI）	生鮮食品を除く総合（コアCPI）	生鮮食品及びエネルギーを除く総合（コアコアCPI）
2015年	0.8	0.5	1.4
2016年	▲0.1	▲0.3	0.6
2017年	0.5	0.5	0.1
2018年3月	1.1	0.9	0.5
2018年8月	0.9	0.8	0.3

（出典／総務省統計局）

とはいえ、消極的ながらも日銀がやれることをやったということは評価していいと思う。この「総括的検証」を受けて日銀が実施したのは、10年物国債の金利をゼロ%にするという「イールドカーブ・コントロール」と、物価目標を達成したあともしばらく金融緩和を続けるという「オーバーシュート型コミットメント」だった。その結果、物価は何とか持ち直した。客観的な数値を確認しておこう（次ページ表）。

日銀が「物価」と言った場合、それが指すのは総務省が発表している消費者物価指数のことである。ちなみに、消費者物価指数には、すべての商品を対象としたもの（CPI）、生鮮食品だけを除いたもの（コアCPI）、生鮮食品とエネルギーを除いたもの（コアコアＣＰＩ）の三種類がある。日銀がこの三種類のうち、どの指数が「物価」を指しているかは明らかにしていない。

しかし、他国の中央銀行の物価目標は、通常日本でいうところのコアコアＣＰＩで設定されていることが多い。なぜなら、生鮮食品やエネルギー価格は天候不順や中東情勢などによって乱高下するため、正しく物価の趨勢《すうせい》を表さない可能性があるからだ。

コアコアＣＰＩで見る限り、２０１６年の日銀による政策強化は、じわじわと物価の上昇には効いたようだ。この調子で行ってくれれば、あと2年ぐらいで物価目標が達成できそうにも見える。しかし前述のとおり、おそらく日銀は来年の消費税増税によって物価目標の達成は危うくなると本音では分かっている。だから、物価目標の達成時期について明示するのを避けた。そこまで財務省に忖度せねばならないのだろう。

そもそも、なぜ財務省は事あるごとに日銀の目標達成を邪魔して、日本経済復活の足を引っ張るのか？　その理由は定かではない。一説によれば、彼らは権益の拡大と保身にしか関心がなく、日本経済などどうでもいいと思っているという。

また、ある説によれば、外国のスパイが紛れ込んでいて日本経済を弱体化させようとしているともいう。

その他にも、単に先輩が犯した過ちを否定できないだけかもしれないとか、安定志向のエリートなのでメンタル面が弱すぎてリスクが取れないとか、いろいろなことが言われている。真相は分からない。

ただ、その理由は不明でも、財務省が日銀の物価目標達成を邪魔して、達成しかけたデフレ完全脱却を潰してきたことは事実である。２０１４年の消費税増税さえなければ今頃、物価目標は達成され、日本経済はデフレを完全脱却していた。景気が良くなれば税収は増える。税収が増えれば増税は不要だ。これは国民にとっては大変喜ばしいことだが、財務省にとってはそうでないらしい。

公務員というのは公僕であり、国民に奉仕すると思ったが、どうも財務省は違うようだ。彼らは自分たちを公僕ではなく、特権階級と勘違いしているのだろうか？　だからこそ、国民に対して嘘をついてもいいし、女性記者にはセクハラし放題と思っているのだろう。大変困ったことである。

４２３５億円の国有財産が塩漬けに

財務省の勘違いは国有財産にも及んでいる。

国有財産検索サイト（http://www.kokuyuzaisan-info.mof.go.jp/kokuyu/）によれば、財務省が管理する国有財産のうち未利用のものは全部で3445件（総面積969万5226㎡）存在している。単純合計で、総額4235億円だ（平成30年8月20日現在）。

この中にはすでに高層化などで不要となった公務員官舎の跡地や、税金のカタに物納された土地など様々なものが含まれている。本来ならこれらの土地は競争入札などによって積極的に払い下げ、民間に使わせるべきだ。なぜなら、その土地を利用することで民間企業が儲けを出せば、そこから一定の割合で税金が入ってくるからだ。国が保有したまま利

未利用国有地の推移（台帳価格）

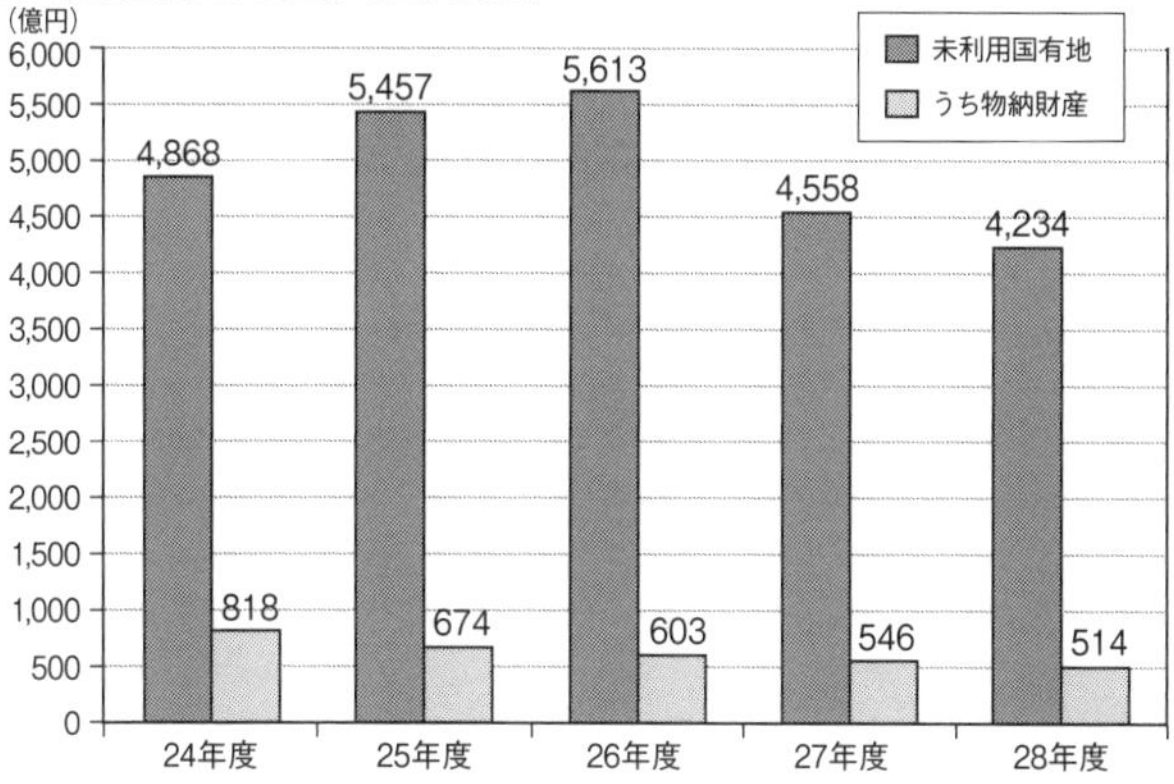

（データ出所：財務省「未利用国有地の推移」https://www.mof.go.jp/national_property/reference/statistics/ichiran28/h28j34.html）

用しなければ、その土地から税収は生まれない。財務省が財政危機を叫ぶのであれば、不要な未利用地は一刻も早く払い下げるべきだ。未利用国有地の売却は小泉内閣の頃大きく進み、総額で6000億円台から4000億円前後まで減っていた。しかし、それ以降の進捗《しんちょく》は思わしくない。前ページのグラフは民主党政権末期から安倍内閣にかけてのものだが、現状は小泉内閣時代よりも少し多い水準だ。

確かに、未利用国有地の売却は進んでいるのかもしれないが、全体的にそのペースはかなり遅いと言わざるを得ない。ノンフィクション作家の鬼島紘一《きじまこういち》氏がその著書『告発』で示した通り、この手の大口の土地の払い下げにはいつも談合の影が付きまとう。まさか、談合待ちで売却が遅れているとは思いたくないが、実態はどうなのだろうか？

財務省も国有地売却のペースが遅いことは認識しているようだ。なんと財務省の公式ホームページで、国有地を使った詐欺に注意するよう呼び掛けているのだ。

当局においては、未利用国有地を一般競争入札によらず個人や特定の民間企業に対して直接随意契約で売払うことはありませんので、十分ご注意頂くとともに、その国有地を管理する財務局・財務事務所・出張所へご照会・ご確認頂くようお願いします。

また、国有地以外の土地を当局が売払うこともありませんので、あわせてご注意ください。

確かに、東京の都心のど真ん中に、フェンスに囲まれた広大な未利用地を発見することがよくある。これらは競争入札により売却されるのであろうが、あまりにも放置されている期間が長い。そのため、詐欺のネタになっているのだ。全く笑えない話だ。
なぜ国有地の売却が進まないのか？　私は3つの仮説を立ててみた。

1．財務官僚は自分たちが大地主だと勘違いしている
2．即時売却を進めるためのリソースの不足
3．土地の値崩れを避けるため小出しにしている

1は単なる特権意識、2はやる気の問題、3は小役人的な気質ともいう。
1は説明の必要もなかろう。
2については、本気で売却を進めたいなら、それに必要なスタッフをそろえて事務手続

関東財務局

本文へ　携帯版サイト　サイトマップ
トップページへ

Google カスタム検

総合案内	広報・報道発表	調達情報・資格審査	採用情報	金融・証券
地方創生・地域連携	財政	経済調査・統計	たばこ・塩・交付国債・通貨等	国有財産

関東財務局ホーム > 国有財産 > 国有財産の物件情報（売却・貸付） > 重要なお知らせ（ご注意ください！） > 国有地の
意

印刷用ページ

国有地の取得に関する架空の話にご注意

当局においては、未利用国有地を一般競争入札によらず個人や特定の民間企業に対して直接随意契約で売払うことはありませんので、十分ご注意頂くとともに、その国有地を管理する財務局・財務事務所・出張所へご照会・ご確認頂くようお願いします。

また、国有地以外の土地を当局が売払うこともありませんので、あわせてご注意ください。

○ 多数の情報が寄せられている架空話

財産区分	所在地	数量	事例	連絡先
国家公務員宿舎（合同宿舎「百人町住宅」）	新宿区百人町３丁目４２０番１６（住居表示：新宿区百人町３丁目２７番１号）【合同宿舎「百人町住宅」】	5,765．28平方メートル	当該国有地を買受け出来るかのような架空の話を持ちかけられたとの情報があります。	東京財務事務所第７統括国有財産管理官 ０３（５８４２）７０２６（ダイヤルイン）
国家公務員宿舎（合同宿舎「百人町第２住宅」）	新宿区百人町３丁目４２０番７ほか（住居表示：新宿区百人町３丁目３２番１号）【合同宿舎「百人町第２住宅」】	2,555．92平方メートル	当該国有地を買受け出来るかのような架空の話を持ちかけられたとの情報があります。	東京財務事務所第７統括国有財産管理官 ０３（５８４２）７０２６（ダイヤルイン）
国家公務員宿舎（合同宿舎「西戸山住宅」）	新宿区百人町３丁目４２０番３３ほか（住居表示：新宿区百人町３丁目１９番１号）【合同宿舎「西戸山住宅」】	11,985．11平方メートル	当該国有地を買受け出来るかのような架空の話を持ちかけられたとの情報があります。	東京財務事務所第７統括国有財産管理官 ０３（５８４２）７０２６（ダイヤルイン）
国家公務員宿舎（合同宿舎「東郷台住宅」）	渋谷区神宮前１丁目３番９（住居表示：渋谷区神宮前１丁目３番６号）【合同宿舎「東郷台住宅」】	約6,123平方メートル	当該国有地を買受け出来るかのような架空の話を持ちかけられたとの情報があります。	東京財務事務所第７統括国有財産管理官 ０３（５８４２）７０２６（ダイヤルイン）
国家公務員宿舎（合同宿舎「西大久保住宅」）	新宿区大久保３丁目１７０番１のうち（住居表示：新宿区大久保３丁目３番１号）【合同宿舎「西大久保住宅」】	10,873．81平方メートル	当該国有地を随意契約にて買受け出来るかのような架空の話を持ちかけられたとの情報があります。	東京財務事務所第７統括国有財産管理官 ０３（５８４２）７０２６（ダイヤルイン）

（出典：財務省　http://kantou.mof.go.jp/kokuyuuti/kakuu.htm）

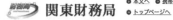

きをどんどん進めなければならない。もしスタッフが足りないならネットオークションでもやればいい。しかし、役所の入札は旧態依然たる手続きが必要だ。この点はまだ改善の余地がある。

3は森友学園問題という大いなるフェイクニュースの原因になった気質だ。財務省がなるべく国有地を小出しに売却するのは、それが周辺の土地相場に影響を与えるからだ。実は、バブル崩壊以降、日本の土地の値段は下がり切っていない。もし、財務省が一等地の競争入札を一気に進めてしまったら、売り物が増えて土地の値段が下がってしまう。土地の値段が下がると、地方自治体の財源を支える固定資産税の評価額も下がってしまう。これは何としても避けたい。だから、ゴミが埋まっていることが確実な土地を騙して10億円で売ろうとしたのだ。しかし、そんな怪しい話に引っかかってくる奴は、当然怪しい奴だ。おかげで安倍政権は全く根拠のない無実の罪を着せられ、財務省は文書改竄《かいざん》という違法行為に手を染めた。本末転倒である。

しかし、本来土地はそれを有効活用できる人に渡すのが、経済的に一番正しい。その土地を活用して儲けを出せば、税収も増える。もともと価値のない土地の評価額だけを無理やり上げて、税金を搾《しぼ》り取るような真似は間違っている。土地の価格形成はマーケットに任せるべきだ。国有地を保有し続けることで、市場をコントロールしているとしたら、これもある種の社会主義的な統制経済ではないだろうか？　まさにこれは1の特権意識に直結する問題だ。特権をひたすら強化するのが彼らの仕事なのだ。消費税増税もその文脈で考えれば分かりやすい。

巧妙な手口「国際機関二人羽織」

消費税増税は今回も、また同じパターンになりそうだ。すでに財務省の増税キャンペーンは、手を替え品を替え始まっている。公文書改竄、セクハラ問題など意に介さず、水面下では様々な動きが出てきている。

その一例として、「国際機関二人羽織《ににんばおり》」という巧妙な手口を紹介しよう。

2018年4月13日、経済協力開発機構（OECD）のグリア事務総長から麻生財務大臣に対して、「消費税率を19％まで引き上げるべきだ」との提言があった、とマスコミが報じた。

OECDの加盟国の消費税率の平均は19％程度なので、日本も早くそれぐらいの水準にすべきだとの趣旨である。ＯＥＣＤが19％という具体的な水準を示したのは初めてだとのことであり、それほど日本の財政は危機的だと言いたかったらしい。

しかし、この話にはトンデモない裏がある。ＯＥＣＤに勤務していた経験のある元参議院議員の金子洋一氏は、自身のフェイスブックで次のように暴露した。

来日中のＯＥＣＤ事務総長が「消費税は19％に」と発言しました。私もＯＥＣＤに勤務していましたが、事務総長を支える事務次長が財務省出身の河野正道氏なので、この発言は要するに「財務省によるステマ」なのです。きちんと「広告」とか「提供は財務省」と表示しなければね。

(https://www.facebook.com/yoichi.kaneko/posts/1656450954422151)

まさに手の込んだ自作自演。国際機関からの提言に弱い日本人をターゲットにした、極めて悪質なステルスマーケティングである。

ちなみに、先進国の消費税率の平均値はたしかに19％であるが、消費税収が歳入全体に占める割合は概ね3割前後だ。日本以外の先進国においては、食料品や衣料品などが消費税の減免や免除対象となっているため、税率を19%ぐらいにしないと歳入の3割を消費税で稼ぐことはできない。

これに対して日本の場合、消費税の減免の対象となる商品はゼロだ。そのため、他の先進国よりも低い8%の税率でも、すでに税収全体の約3割に達している。つまり、歳入全体に占める消費税収の割合で見れば、日本はすでに「打ち止め」状態なのだ。

ところが、グリア氏はこの肝心な部分を一切説明せず、「税率を先進国並みに上げろ」という極めて雑な提言を行った。むしろ、グリア氏は被害者ではないのか? こんな雑な提言をするように振り付けした「背後にいる者」こそが問題なのだ。まさにそれが日本の財務省なのである。

もちろん、財務省の主張が正しく、日本の財政が危機的状況にあり、増税によってその問題が解決するのであれば文句はない。ところが、財務省の主張は間違っている。

国と地方の負債を合わせれば確かに1200兆円にもなるが、政府と日銀の資産を合わせると、1100兆円にもなる。純負債はたった100兆円だ。日本のGDP500兆円に比べて、これは大した金額ではない。

それでも、財務省は学者や政治家を使った二人羽織で財政危機を強弁する。これがいわゆる御用学者と「政策通」問題だ。「政策通」とは官僚の代弁をしてくれる政治家のことであり、決して政策について正しい知識を持っているわけではない。

その代表格は岸田文雄政調会長であろう。

岸田氏は２０１７年９月の報道各社のインタビューに対して、来年10月の消費税率10％への引き上げの決定は「市場や国際社会で、我が国の信頼を確保することを考えれば引き上げは不可欠だ。確実に行っていくべきだ」（『毎日新聞』２０１７年９月５日）と述べている。

そして、自民党の竹下派はこういった考えを持つ岸田氏を総裁選に担ぎ出そうとした。実際にこれは失敗したが、背後に邪《よこしま》な「気」を感じるのは私だけではないだろう。

最近、ポスト安倍の呼び声高い石破茂氏が、世論の反発を気にして増税に及び腰になっているのとは対照的に、岸田氏は財政再建路線で全くブレていない。

それもそのはず、岸田氏は石破氏とは〝血〟が違うのだ。岸田氏自身は財務官僚出身ではないが、親戚縁者は多くが財務省の関係者だ。かつて大蔵大臣を務めた宮澤喜一《きいち》氏の甥の元大蔵官僚、衆議院議員の宮澤洋一氏は、岸田氏の従兄弟に当たるという。まさに、Zの遺伝子を継承する者と言っていいだろう。

財務省はたくさんの政治家だけでなく、学者、産業界、ＮＰＯなどにも二人羽織ネットワークを広げている。学者は審議会などのポスト、企業は租税特別措置（税の軽減）、NPOは補助金などで財務省のお世話になっている。そういう業界に浸透するのはたやすいことだ。

マスコミもグルだった

その広がりの凄さを見せつけたのが、2013年9月に開かれた消費税増税に関する集中点検会合だ。ここに集められた約60名のうち約40名が、事前に財務省に振り付けられていた人物だったそうだが、蓋《ふた》を開けてみれば60名中、消費税増税賛成は44名で、新聞、テレビは「有識者の7割が増税賛成」と大々的に報じている。そう、マスコミもグルだったのだ。

最近まで日本テレビの夜のニュース番組『NEWS ZERO』のキャスターを務めた村尾信尚《のぶたか》氏などはその典型だ。村尾氏は、1978年から2002年まで財務省に勤務していたキャリア官僚である。番組のなかで村尾氏が常に増税に対してポジティブな発言を続ける理由は、あえて述べる必要もないであろう。

村尾氏は特殊な職歴だが、他のマスコミも基本的には財務省に飼いならされている。インターネットが発達したことによって、一般人が各省庁のサイトに簡単にアクセスできるようになった。公開情報について、マスコミ記者と一般人の情報格差はゼロである。では、彼らは何で差をつけるのか？　記者クラブ、夜討ち朝駆け、オフレコ記者懇談会によって、表に出ていない情報を誰よりも早く記事にすることで、辛うじて差をつけているのだ。しかし、これには危険が伴う。官僚はわざと情報をリークすることで、世論をコントロールしようとするからだ。

先日、発覚した財務省のセクハラ問題は、まさにこういった〝闇情報〟をやり取りする密室のなかで発生した。記者には情報を貰っているという負い目があるからこそ、被害を受けたテレビ朝日の女性記者の上司はこの問題を握りつぶそうとした。被害者本人が財務省との密約を破って週刊誌にネタを持ち込んだことで、逆に密室での情報のやり取りの実態が白日の下に晒《さら》された格好だ。

その後、財務省はオフレコの記者懇談会を開かなくなったというが、永久になくなるかは分からない。財務省としても、増税プロパガンダの一翼を担うマスコミは飼いならしておきたいはずだ。きっと何か新しいことをやってくるだろう。その予兆を感じさせる記事が、2018年5月8日の読売新聞にあった。

財政赤字、GDPの3%以内……政府が新たな目標

政府は、2021年度の財政収支の赤字額を名目国内総生産（GDP）の3%以内にすることを新たな財政再建目標として掲げる検討に入った。

目標達成へ向け、高齢化による社会保障費の伸び（自然増）を19年度から21年度まで毎年5千億円程度ずつ、計1・5兆円程度に抑える方向だ。6月にもまとめる「経済財政運営と改革の基本方針（骨太の方針）」に盛り込む。（http://www.yomiuri.co.jp/economy/20180508-OYT1T50014.html）

この記事にある財政再建目標とは、一般的には「財政収斂《しゅうれん》基準」といわれている。この仕組みは、すでにEUが導入しているが、極めて評判が悪い。正直言って、すでに失敗している仕組みだ。なぜそう言えるのか？

この基準があるために、EU諸国は常に緊縮的な政策を強いられることになった。

そのため、EU諸国では恒常的な歳出削減と増税が実施されている。EU諸国の景気は

欧州中央銀行の大胆な金融緩和のおかげでなんとか支えられてきたが、この緊縮財政が余計なブレーキとしていつも作用していた。結果として、物価はマイナスではないが、極めて低い状態になっている。

前述のとおり、物価上昇率が低いと、人々はお金を貯め込んで使おうとしない。誰もお金を使わなければ、誰も収入を得られない。最大の被害者はEU諸国の若者たちだ。若年層の失業率が総じて高くなる理由は、将来的な売り上げ増加が見込めないという景気の不透明感にある。日本と同じで、EU諸国ももっとやれることがあるのだ。財政収斂基準など撤廃してしまえばいいのである。

ところが、先ほどの読売新聞の記事によれば、その財政収斂基準を日本にも導入しようという動きがあるらしい。

現在、日本の財政赤字のGDP比は、2017年時点で4・23%である。これを同記事にあるように3%以下に減らすとなると、かなり思い切った歳出削減を行う必要がある。デフレ脱却のためにむしろ歳出は増やす必要があるのに、完全に逆方向の政策だ。当然、税収増には消費税の税率アップも必要だということになるだろう。実際には税収は増えないにもかかわらず。

とはいえ、この記事はまだ「飛ばし記事」だ。他の新聞社が後追いしなかったので、真偽のほどは定かでない。しかし、財務省が密室で情報を与えて、読売新聞にアドバルーンを揚《あ》げさせた可能性はないだろうか？　この記事の言うところはド派手な緊縮財政宣言なのだが、世論や政治家、産業界の反応を探ったのかもしれない。

二つの「裏口」と財務省の圧力

あれだけダメージを受けたにもかかわらず、財務省は死んでいない。本来、今回のスキャンダルを徹底追及すべき野党は、ゴールデンウィークに18連休という体たらく。やっと戻ってきたかと思ったら、再びモリカケの大合唱だ。バカ過ぎて話にならない。

唯一、まともなことを言っている日本維新の会は、いかんせん数が少ない。自民党内の反安倍勢力はむしろ財務省の手先で、金融緩和に懐疑的かつ、増税に大賛成だ。そして頼みの公明党も、極めて財務省寄りの政策スタンスとなっている。まさに安倍総理と菅《すが》官房長官が孤軍奮闘という情勢だ。これは本当にマズい。

しかも、憲法改正と天皇退位という大問題に政治的なリソースの大半を割かねばならない。さらに外交では、北朝鮮、中東など大きな問題が目白押しだ。

もし、このまま予定どおり増税が行われるなら、オリンピック景気どころか、その手前で再び財務省に景気の腰を折られてしまいかねない。

では、この状況をどうやったら打破できるのか？　方法は3つある。1つは正面突破、残り2つは裏口だ。

1つ目の正面突破とはそのものズバリ、消費税増税の是非を争点に選挙を行うことだ。2019年の7月に参院選があるので、その時に衆院も解散してダブル選挙をしてもいい。ただし、この方法には大きな政治的リソースが必要であり、憲法改正の国民投票や天皇退位のスケジュールと合わせると、かなり厳しいことが分かる。しかし、それでもあえて私はこの道を勧めたい。いったんここで政治的なリソースを使い果たしても、それ以上の大きなリターンが見込めるからだ。経済政策こそが安倍政権の高支持率を支える礎だ。ここを守り切ればその先の未来は開ける。

もし正面突破を図れなかった場合、選択肢は2つの裏口に絞られる。裏口の1つは、消費税増税に合わせて大型補正予算を編成することだ。財務省の執念は異常なので、あえて増税については争わず、増税と同額か、それ以上の補正予算を組んで景気へのダメージを最小化するのだ。規模としては、返済の必要のない完全なバラマキ（真水）で、需給ギャップに相当する金額が妥当であろう。一説によれば、それは7兆円前後と言われている。

もちろん、増税が恒久措置であるのに対して、補正予算は一年限りのワンショットなので、景気への悪影響をゼロにすることは難しい。しかし、それでもやらないよりはずっとマシだ。

しかし、補正予算の編成においても、財務省や野党の抵抗が激しい可能性がある。その場合は、もう1つの裏口も検討すべきだ。それは、日銀が金融調節の対象として外債を購入することを認めるというものである。

現在、日銀は主に日本国債を市場から購入し、その代金を市場にバラまくことで金融調節を行っている。しかしこの方法だと、市場に出回る日本国債の残高がオペレーションの限界となってしまう。毎年新たに市場に出回る国債の総額は160兆円ほどで、すでに日銀はこの約半分を購入している。国債は金融機関や保険会社などが資産管理をする際に利用するため、全額を購入することができない。

そこで、日本国債以外の外国の国債もオペレーションの対象にすれば、この限界を突破することが可能だ。実際に購入するのは、主にアメリカ国債になるだろう。トランプ大統領としても、日本から多額の投資資金が舞い込むことに等しいので歓迎するのではないだろうか？

しかし、この2つ目の裏口にも財務省の抵抗が予想される。すでにその布石は打たれていた。２０１８年3月28日の参議院財政金融委員会で、渡辺喜美参議院議員が、金融緩和手段としての日銀による外債購入の是非について質問した。これに対して、安倍総理は為替介入と誤解されかねず、慎重に考えるべきとの見解を示している。

たしかに安倍総理の指摘どおり、日銀による外債購入は、為替介入とやることは全く同じだ。円を売ってドルを買い、ドルをアメリカ国債と交換する。主体が財務省か日銀かの違いだけで、やっていることは全く同じだ。

しかし、他の先進国では金融調節の手段として外債の購入を認めているところが多い。また、安倍総理とトランプ大統領の蜜月《みつげつ》関係から考えて、事前にその点を説明して理解を得ることは不可能ではないはずだ。にもかかわらず、安倍総理は日銀による外債購入に否定的な見解を示した。

たしかに、この問題に肯定的な見解を示すことは即財務省との衝突に繋《つな》がる。無用な政治的リソースの消耗を避けたと言えなくもない。しかし、そうさせる財務省の圧力というのは、やはり相当なものであるということだ。

財務省は文書改竄問題、セクハラ問題でも死んでいない。これだけダメージを受けたら、さすがに増税はできないだろうという見通しは甘すぎる。やはり、国民自らがしっかりと財務省を監視し、増税反対の声を挙げていかなければ日本が危ない。

写真：鎌形久/アフロ

第2章

農業

精神論に侵された本当は世界最強の日本農業

「減反廃止」というインチキ政策

これほどまでに豊かになった日本で、なぜ未だにコメの値段が高く、バター不足がたびたび発生するのか？　そこには信じられない岩盤規制が横たわっている。

非常に残念なことだが、農業の特定分野において、社会主義計画経済が行われている。ソ連崩壊で人類が学んだことは、社会主義というシステムが極めて非効率であり、人びとを貧しくするということだった。とっくに滅びたソ連の幻影が、今なお日本の農業分野において徘徊《はいかい》している。そして、その幻影は私たち一般庶民の生活を圧迫しているのだ。

その背景には、日本にはびこる強固なイデオロギーの存在がある。

「農業は保護しなければならない。なぜなら食は国の本だから」

これは、一見正しそうに見えるが、完全に間違った議論だ。農業はビジネスである。保護が必要なビジネスなど、そもそも儲からないのでやめてしまえばいい。農業はすでに高度なエンジニアリング産業になっている。そして、日本の農業は強い。正確に言うと、日本の専業農家が強い。むしろ、保護などいらない。そういう攻めの農業こそが、いま求められているのだ。

ところが、日本の農政はそういう「攻撃型農業」の担い手である専業農家を大事にしない。攻撃よりもむしろ守りに徹した兼業農家のうち、特に小規模な農家に最適化した政策を推進している。そのため農業には様々な岩盤規制が存在する。

これは戦後すぐの食糧不足を解消するためにできた、食糧管理制度の名残である。そして、長くコメ農家は社会主義的な統制経済の下に置かれていた。確かに、この制度はコメが主食でコメが不足していた時期には意味があったかもしれない。しかし、そんな時代は長くは続かなかった。高度経済成長期を経て日本が豊かになると、コメはすぐに余るようになった。

にもかかわらず、政府は小規模な兼業農家、あえて言えば家庭菜園に多額の補助金をつぎ込んできた。大義名分は食料安全保障だが、実際のところは自民党政権が彼らを票田とし、補助金によって集票していた面が大きい。しかし、それが皮肉にも日本のコメ農家を弱体化させることになったのだ。極めて罪深いことだと思う。

現在、大半の兼業農家は、農業収入だけで一家を養うことができない。兼業とはいっても、農業がサイドビジネスで、メインの収入は地元の役所や企業などに勤めることで得ている。彼らがサイドビジネスとして農業を続ける理由の一つは補助金だ。

コメ農家への補助金の大義名分は、生産調整である。政府が生産量を調整し、その政策に同調する農家にはご褒美としての補助金が配られるのだ。その仕組みと歴史的経緯は次のようなものだ。

米の価格は、高校の政治・経済の教科書で教えるとおり、需要と供給で決まる。これは他の物と同じである。需要、つまり消費が増えれば上がるし、減れば下がる。供給、つまり生産が増えれば下がるし、減れば上がる。簡単な経済学である。

米の消費は長期的には減少している。この数年間をとっても、横ばいか微減である。米の価格を上げるような消費の増加はない。

生産はどうだろうか？　今年産米の作況指数は１００で平年作である。作柄で見ると、米の価格は上がるはずがない。つまり市場だけの要因で見る限り、米の価格は上がるはずがないのである。

そうであれば、なにか人為的な要因で米の価格が操作されていることになる。それが政府による減反政策に他ならない。

減反政策とは、農家に補助金を与えて米の生産＝供給を減少させ、米の価格を上げて、農家の販売収入や農協の販売手数料収入を上げようとする政策である。

農家は補助金を受けたうえで米価も上がるという利益を受ける。逆に一般の国民や消費者は、納税者負担と消費者負担の増加という二重の負担をすることになる。

その際、単に米の生産を減少させるのでは、国民にまったくメリットのない、後ろ向きの政策だというイメージを与えるので、米の代わりに国内生産による供給が不足し、輸入に依存している麦や大豆などの作物を植えさせ（「転作」という）、食料自給率を上げるのだというもっともらしい看板を付けたのである。（山下一仁「米の値段はなぜ上がるのか？」http://www.canon-igs.org/column/macroeconomics/20180111_4671.html）

政府がコメ価格を統制するための生産調整手段だった減反政策。しかし建て前上は、2018年に減反は廃止されたことになっている。

実際には何が起きているのか？　なんと、政府は食用米から家畜に食べさせる飼料米に転作することに対して補助金を増額したのだ。つまり、兼業農家はいまでもコメを作っている。飼料米という種類の違うコメがそれだ。そして、コメを作ることで未だに補助金をもらっている。残念ながら「減反廃止」の内実はこれなのだ。

こんなインチキな政策を行ったせいで、食用米の生産調整が行き過ぎて、コメ価格は高止まりしている。それは間接的に飼料米の補助金を消費者が負担しているのと同じことだ。まさに岩盤規制ここにありという感じではないか。

300億円の税金を使って、消費者を苦しめる

農業における岩盤規制は酪農にも及んでいる。例えば、たびたび発生するバター不足という奇妙な現象をご存知だろうか。最近では2014年に発生している。とても奇妙なことにスーパーの店先には牛乳が山積みなのに、なぜかバターだけが不足するのだ。確か、バターは牛乳から作るはずだが、なぜこんなことが起こるのか？　まるでガソリンは山積みだが灯油が不足しているような違和感。農業ジャーナリストの浅川芳裕《よしひろ》氏によれば、その理由は次のようなものである。

一言で言えば、バター生産の〝北海道一極集中化〟という〝生産統制〟の弊害です。

そして、一極集中化を支えているのが〝加工乳補助金〟という仕組みなのです。（中略）この仕組みの名目は、生産性の高い北海道から都府県に流れる牛乳の量を規制することで都府県の酪農家を保護することになっていますが、実際には、北海道に加工工場がある乳業メーカーに便宜を図って優遇することで、バター生産を北海道に寡占《かせん》化させる結果となっている。今回のようなケースで、消費・実需サイドが多様な調達源を失うリスクを高めているのです。（浅川氏談：ハーバービジネスオンライン「バター不足の怪」所収 https://hbol.jp/15641）

日本において、生産された生乳は全国に10ある指定団体が買い取り、そこから乳業メーカーに卸《おろ》されている。そして、指定団体はすべてが農協である。しかも、酪農家は生乳を全て指定団体に売った場合に限り、補助金を受け取れるルールになっている。独占の放置、あるいは社会主義的な生産システムといって差し支えないだろう。

「加工原料乳生産者補給金等暫定措置法」によれば、生乳生産量のうち5割以上を加工乳に回している都道府県の酪農家に限り補助金が支給されることになっている。しかし、実際にそんな大量の牛乳を加工に回せる都道府県は北海道しかない。２０１８年3月の時点

加工原料乳生産者補給金制度の仕組み

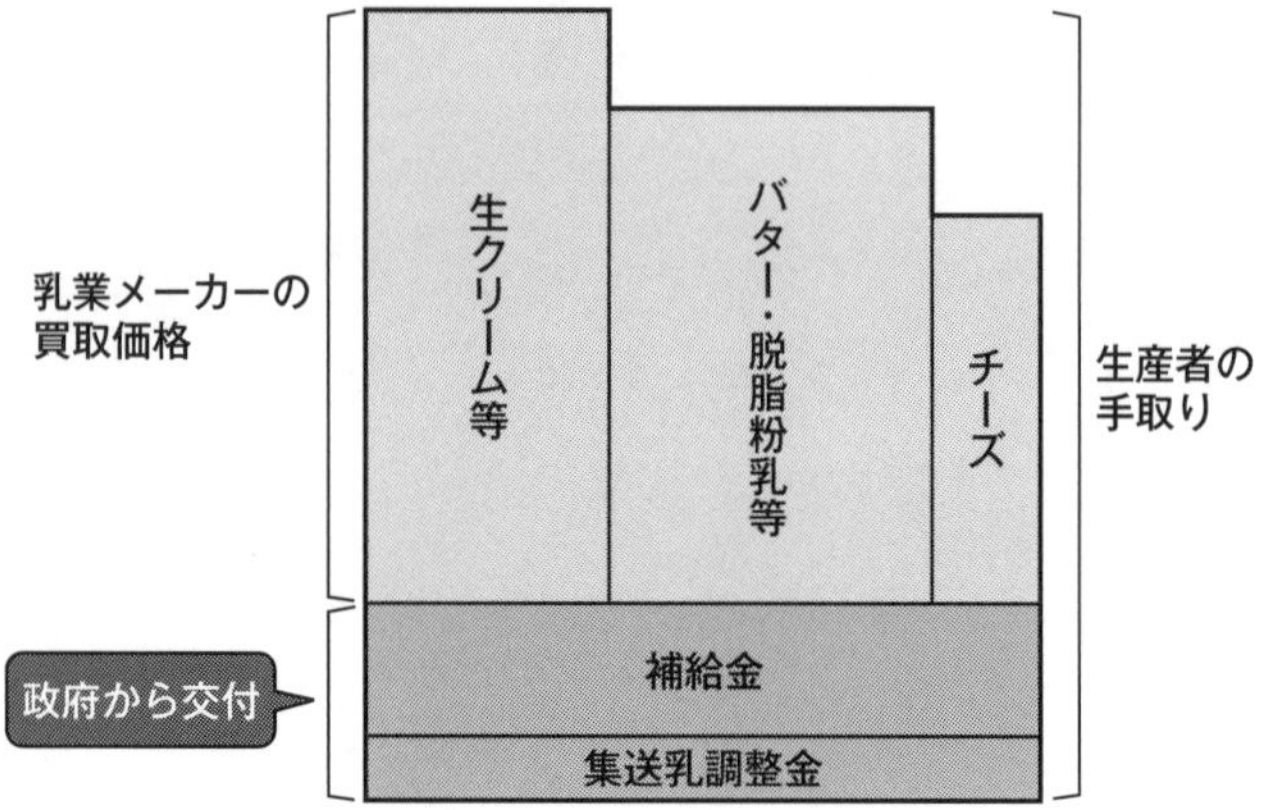

（出典：農畜産業振興機構　http://www.alic.go.jp/r-keiei/raku01_000423.html）

で北海道の脱脂粉乳・バター等向け生乳の全国シェアは78％に達している。飲料用乳のシェアにおいて北海道は21％しかないので、その偏りは明らかだ。

この圧倒的なシェアは、補助金によって下駄をはかせてもらったことにより生じたものだ。その結果、北海道地域以外でのバターの生産は、割の合わないビジネスとなってしまった。そのため、日本全体でバターを生産する業者が増えず、北海道が少しでもバターの生産量を減らすとたちまちバター不足に陥るという歪《いびつ》なマーケットが形成されてしまった。毎年約300億円の税金を使って、消費者＝納税者を苦しめる制度が維持されていたのだ。そして、この補助金をほぼ独占していたのが、北海道の酪農を仕切るホクレン農業協同組合連合会である。

では、国産バターの寡占状態を打ち破るためにバターの輸入を増やすことはできるのだろうか？　実はそれもできない。なぜなら、日本のバター輸入は、独立行政法人の農畜産業振興機構（ＡＬＩＣ）という農水省の天下り団体が独占しているからだ。彼らがバターの輸入を独占できる理由は、国内酪農家の保護という大義名分による。ＡＬＩＣは海外業者からバターを買い付ける際に入札を行い、最も安い価格をつけた業者からバターを買う。しかし、買い付けたバターを国内向けに再販する時には、この入札で最も高かった価格を使う。

輸入を独占しているので、いわば言い値のマージンを乗せて、バターを右から左に流せるのだ。彼らはこの制度により、毎年巨額の利益を得ている。もちろん、その利益は建前上、酪農家の保護に使われている。前述の「加工原料乳生産者補給金等暫定措置法」に基づいた「加工原料乳生産者補給金」が、まさにこの機構から交付されている。もちろん、それと併行して、農水省から天下った職員の給与や退職金も支払われていることに注意が必要だ。

とはいえ、２０００年以降の度重なるバター不足の発生で、この制度は批判の矢面に立たされた。そして、２０１６年には一応の「牛乳自由化」がなされた。その結果、制度上はホクレン以外の指定団体にも補助金が下りるようになった。しかし、２０１８年8月現在、北海道の指定団体は未だにホクレンのみだ。しかも、仮に別の指定団体が現れたとしても、補助金の交付先が二系統になるだけで、この岩盤規制そのものは変わらない。これでは再びバター不足が起こってもおかしくない。根深い岩盤規制がここにある。

日本の農業振興は難しくない

既述の通り、農業は高度なエンジニアリング産業となっている。正直に言って、あまりやる気のない人は淘汰《とうた》されるべきだし、補助金に依存しなければ採算が取れないような事業者もいらない。むしろ、そういう人や業者には退場してもらうべきだ。まして、貿易の自由化によって、農業の国際的な競争が激しくなる状況下においてはなおさらだ。

しかし、農業を産業として語ると、嫌悪感を露《あら》わにする人々がいる。最も極端なのが、本章冒頭に触れた農本主義的な精神論だ。農業は国土や国柄を形成するものであり、産業として語ることは罷《まか》りならんというのが彼らの発想だ。そこから治水だの地域コミュティだの、様々な派生的なメリットが語られる。論点は無限に拡散し、論破することは不可能になる。典型的なトンデモ理論だ。

第1回ノーベル経済学賞を受賞したオランダ人経済者、ティンバーゲンが提唱したフレームワークがある。これはティンバーゲンの定理として知られている。その内容は「N個の独立した政策目標を達成するためには、N個の独立した政策手段が必要」というものだ。

例えば、成長と安定化と再分配の3つの目標を達成するためには、少なくとも3つの政策手段が必要ということになる。これは農業問題を考える上でも有効である。農業をビジネスとして振興することと、治水の有効性を高めることと、地域のコミュニティを維持することに対しては、少なくとも3つの政策手段が必要である。そして、実はこの3つは多少関連しているとはいえ、実はそれぞれ独立した政策課題だ。すべてを農業政策で解決することは、どだい無理な話なのだ。

例えば、最近よく問題になる地方の人口減少だが、農業振興は解決策にならない。農業王国である秋田県の佐竹敬久《のりひさ》知事は2014年、「コメ作りをやっていれば絶対に人口は減る」と発言し世間を騒がせた。実はこのことは多くの農業関係者にとって、公然の秘密だったのだ。産経新聞によれば佐竹知事は２０１４年5月12日の定例記者会見で、次のように語ったそうだ。

米作が悪いというんじゃないけども、例えばコメというのは労働生産性がものすごく上がってます。しかし、土地生産性は最も低いんです。土地生産性が低くて労働生産性がものすごく上がるということはどういうことか。人はほとんどいらない。そういうことで、例えば、全体的には農業県ほど人口は減ります。そして農業県の中でコメのウエートが大きいところほど人口減少は著しい。これは統計から出てきます。

秋田の農業を維持していくとすると、コメはもう極限まで減らすという決断すら必要になります。

コメをやってれば絶対人口は減るという、県知事が初めてたぶん言ったでしょう。でもここまで言わないと。実は分かるんですね、数字を見ると。誰もそれは言わなかったです。タブーだったんです。ですからやっぱり、秋田をもう一回そこらへんを見直して、別にコメが駄目だと言っているわけじゃないです。そういうところまで踏み込んだやり方でないと、みんなが危機感を持たない。(https://www.sankei.com/economy/news/140615/

ecn1406150002-n1.html)

同記事中で当時の秋田県農協中央会の木村一男会長は「コメ作りを大型化すれば一定の人数で耕作できるので、労働力が余り、地元に働く場所がないと人口が流出するという意味であり、理解できる。農産加工や花、果樹などの割合を増やす必要がある」と述べている。花や果樹というのは農業の中でも規制が緩く、競争が激しい分野だ。コメ作りが社会主義経済だとしたら、花と果樹は自由主義経済と言っていい。いみじくも現状の社会主義的なやり方ではダメだと、農協の関係者ですら気が付いているということが垣間見える発言だった。

とはいえ、今や農業はどの分野でも省力化、IT化が進んでいる。花や果樹を増やしたところで、人口減少の歯止めになるかどうかは分からない。そもそも、少ない人員でより多くのものを生み出すことは悪いことではない。そこに従事する人への分配は増えるからだ。

さらに言えば、産業としての生産性、効率性が上げられる農家は、補助金目当ての家庭菜園だろうか？　それとも農業を本業とするプロの農家であろうか？　答えは自明だ。そして、このことから日本の農業を振興するのはそれほど難しくないことも分かる。大雑把に言えば、やる気のある農家が、やる気のない兼業農家から土地を買うなり、借りるなりして事業を大きくすればいいのだ。

ところが、それはなかなか進まない。前述の通り、国は補助金を出してこれら小規模農家を保護している。そのため、とっくに終わっている家庭菜園レベルの農地が、やる気のある人の手に渡らない。農地を手放してしまうと補助金がもらえないからだ。実は、農業をめぐる問題はすべて、この点に集約されるのである。

諸悪の根源、農本主義的な精神論

私は普段からこのような過激な農業自由化論を主張しているので、当然、農協からは嫌われていると思っていた。ところが、2017年、千葉の農協が、こんな私を講演に呼んでくれた。主催者曰く、農協の方針とは異なる意見を聞くことで、農業の未来を多角的に考えていきたいとのことだった。その勇気と寛容さを讃えたい。

仕事として引き受けたからには、農協は私のお客様だ。だから私は農協が生き残るために何をすべきかを真剣に考えて提案した。講演のタイトルは「守りから攻めの農業へ～ビジネスモデルで考える農業革命～」とした。

そこでの主張はとてもシンプルだ。どんなに強い権力者でも時代の流れには逆らえない。徳川幕府は260年続いたが、やはり最後は時代の流れに勝てなかった。これに対して電電公社は通信自由化の流れに渋々従ったが、NTTドコモが携帯シェアナンバーワンとなり、今でも生き残っている。農協は最後まで抵抗して徳川幕府になるのか？　それとも力のあるうちに流れに乗ってNTTドコモになるのか？　まずはこのように考えてみることを提案した。

そのためにはまず「農業は国の本」といった農本主義的な精神論を排して、論理を展開すべきである。農協にとって、農本主義的な精神論こそ「日本の農業を守る」という劣位思考を生んでいるからだ、と述べた。

劣位思考とは簡単に言うと、相手の土俵で相撲を取ることである。これに対して優位思考とは、自分の土俵で相撲を取ることだ。優位思考の場合、戦いの場所、ルールはこちらが設定する。まさにゲームのイニシアチブ（主導権）を握ったうえで、相手を自分の有利な場所に引き出して徹底的に叩くことができる。

私が農協の講演で話した内容は、概ねこういう論調だった。ヤジが飛んでくるかと思ったが、意外と反応は良く、ほとんどの人が頷《うなず》きながら聴いてくれた。果たしてどこまでこの話を聞き入れてくれるのか？　農協が力を持っているうちに、自ら変わることを選択し、自分でゲームのルールを設定できるかが勝負だ。しかし、身内の話し合いになれば、必ず原理原則を声高に叫ぶ過激派が出てくる。机上の空論である農本主義的な精神論を排して、どこまで現実的なプランを話し合えるかが問題となるだろう。

やはり、諸悪の根源は農本主義的な精神論だ。これは、ほぼ実現不可能な理想論であるから、基本的に劣位思考となる。なぜなら、農業は国土の保全とか日本の文化と結びついていて、国民はどんなコストを払ってでもそれを守らなければならないという枠組みから出られないからだ。世間ではこれを「無理ゲー」（クリアが無理・無謀なゲームのこと）または「スーパーハードモード」と呼ぶ。

実現不可能な目標を自ら設定する時点で、負けは決まっている。まさに、支那事変勃発時に戦争の泥沼化を煽った精神論がこれだった。蔣介石を滅ぼして支那大陸に平和を取り戻すまで無限に戦えと煽ったのが朝日新聞である。すでに失敗したやり方を踏襲《とうしゅう》すれば、再び失敗する可能性は当然高い。なぜこの発想を捨てられないのだろうか？

それはおそらく、今の農民が、日本の百姓の歴史から分断されているからだ。江戸時代の百姓は物流業者から市況情報を入手し、より利ザヤの稼げる商品作物を生産した。だから、江戸幕府が成立して100年も経たないうちに、農村では余剰作物が作られるようになり、都市では消費が爆発する。そして、旺盛《おうせい》な需要は物資の価格高騰を招いた。戦国時代はコメさえ食べられれば幸せだったのに、それから百年経つとコメだけでは満足できない、贅沢な暮らしが当たり前になったのだ。豆腐、だし昆布、砂糖など、グルメには欠かせない食材の値段が高騰し、米価は低迷した。しかし、それは百姓たちのビジネスの観点から見れば、大きなチャンスだった。

例えば、ある商品が足りている地方から足らない都会に運ぶだけで、莫大な利益が得られる。価格差を利用して利ザヤを取る取引（裁定取引）が盛んになり、大規模な物流網の整備が進んだ。また、たびたび発生した飢饉ですら、逆にこれをビジネスチャンスとして大儲けした百姓もたくさんいた。例えば、1782年の天明の飢饉では、菱垣廻船《ひがきかいせん》の配下にあった地方廻船問屋が、幕府の規制を無視して独自に江戸までコメを輸送し、莫大な利益を上げた。規制上は幕府の御用輸送業者である菱垣廻船や樽《たる》廻船を使わなければいけないことになっていたが、結局この規制はなし崩し的に撤廃されてしまった。飢饉の発生で食糧不足になっている江戸の人々を、幕府は無視できなかったのである。

そして、一度ルールに風穴があくと、飢饉が終わってからも菱垣廻船の配下には復帰せず、むしろ菱垣廻船向けの荷物を低運賃で引き受けて競合関係になった。自動的に海上輸送運賃の自由化が進むことになる。その結果、廻船問屋は市場ニーズの高い商品をどんどん江戸に運び、空前のグルメブームが発生した。寿司、てんぷら、かば焼きなど現在和食と言われている多くの料理が、江戸時代に爆発的に普及した理由はまさにこれだ。

さらに、グルメブームより少し遅れて今度は旅行ブームも発生している。1830年、いわゆる「お蔭参り」という伊勢神宮参拝ツアーが爆発的にヒットし、数か月間で約200万人が伊勢神宮を参拝した。その結果、伊勢方面でしょうゆや味噌の原料となる大豆の需要が爆発、原産地の百姓、それを運んだ廻船問屋がぼろ儲けした。

これらの事実が示していることは何か？　いわゆる農本主義的な精神論は、少なくとも江戸時代の百姓の間には存在しなかったということである。基本的に、百姓は市場の動向にとても敏感で、売れるもの、高いものをたくさん作るというアニマルスピリットで動いていたのだ。生産物の「出口」をイメージできないところに成功はない。今から考えても当たり前の話だ。

逆に江戸時代でも、コメだけにこだわった人々は没落していった。その象徴的な存在が武士と大名である。彼らをダメにした「石高制」の足枷《あしかせ》だ。

石高制とは、大名や武士たちの経済は、コメで年貢や俸禄を入手し、それを売って得た金で必要な生活物資を買入れる仕組みで成立していたことだ。この制度はコメの値段が諸物価の中心となり、米価が上下すればそれにつれて他の諸物価も上下することを前提として成立する。確かに、江戸時代の前半期、つまり元禄時代ごろまでの日本経済にはそういう傾向があった。

しかし、元禄時代の終わりごろから、米価が下落したにも拘らず、それ以外（諸色《しょしき》）の値段は上がったきり、いっこうに下がらなくなった。前述した通り、人々のニーズが変化して、コメを中心とした食生活から、おかずやデザートの充実した生活にシフトしたため、コメを食うだけでは満足できない人びとが増えたのだ。その結果、米価は江戸時代全般を通してほとんど値上がりしなかった。そのため、大名や武士たちはどんどん貧しくなっていったのである。

これは絶対に逆らえない経済の掟だ。人々は一度豊かになったら、その生活を手放そうとはしない。米が諸物価の中心だった世の中は、江戸時代初期にとっくに終わっていたのだ。ところが、幕府はたびたびこの流れに逆らって、石高制の有効性を強化しようと無駄な努力をした。これがいわゆる三大改革である。まさに時代に逆行した愚かな試みであり、享保《きょうほう》の改革以外は無残にも失敗している。また、成功したと言われている享保の改革ですら、享保年間には全く成果が出なかった。実際に成果が出たのは元文年間に入ってからであり、その理由も吉宗が方針転換したことによるものだった（吉宗は約20年間拒み続けた貨幣の改鋳を元文期に入ってから了承し、実行したからである）。

なぜ「和牛」は国際的ブランドになったのか？

翻《ひるがえ》って現在の農協の状況を考えてみよう。農本主義的な精神論というのは、まさに江戸時代における石高制の復活と同等の「無理ゲー」だ。時代の流れには逆らえない。こんなことをやっていたら農協は江戸幕府と同じように滅びてしまうだろう。農本主義的な精神論を捨て、純粋に儲かるビジネスとして農業を再構築する。これこそが農業改革の出発点なのだ。

では、今の農業をどう改革すればいいのか？　すでに答えは出ている。コメや酪農など

牛肉の生産・輸入動向

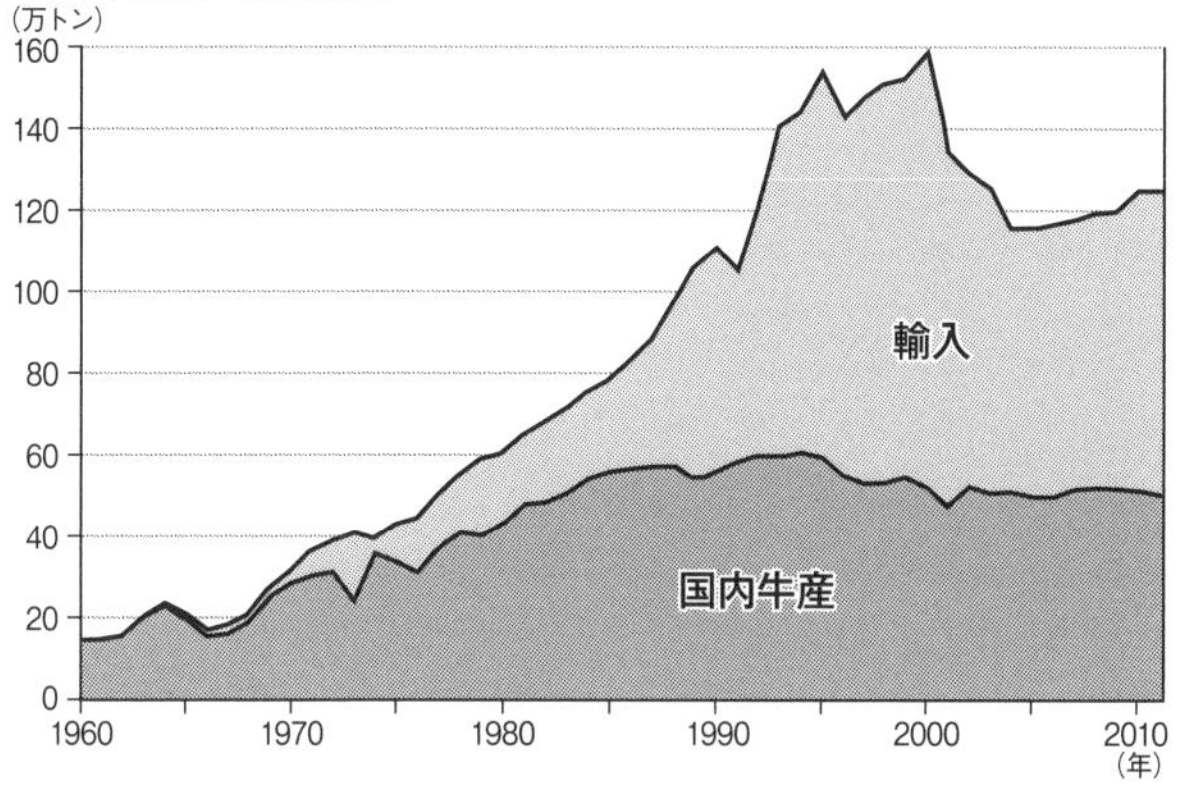

（データ出所：「貿易自由化と日本農業の重要品目」農林中金総合研究所『農林金融』2012年12月号https://www.nochuri.co.jp/report/pdf/n1212re2.pdf）

特定分野で未だに行われている、社会主義的な生産調整や補助金を止めることだ。そして、やる気のない兼業農家には市場から退場してもらうことだ。

例えば、1991年から行われた牛肉とオレンジの自由化を覚えているだろうか。あの時、テレビのニュースでは、日本の牧畜業とみかん農家はすべて破産すると言わんばかりの勢いで、危機感を煽っていた。しかし、実際に何が起こったか？

なんと、国産牛肉の生産は自由化以降も減らなかった。むしろ、牛肉全体の消費が増え、なおかつ和牛としてブランドの確立に成功したため、畜産農家の所得は増えた。もちろん、牛肉自由化で多くの畜産農家が廃業したが、生き残った畜産農家が規模を拡大したため、生産量は減らなかったのだ。ご存知の通り「和牛」は国際的なブランドとなり、普通の牛肉とは別次元の単価で取引されている。まさに自由化の勝者と言えるのではないだろうか？　わざわざ輸入牛肉と競合する分野で競争することを避け、手厚いケアで質の良い肉を作ったことが勝因だった。

みかんについても、次ページのグラフを見れば、何が起こったかは一目瞭然だ。みかんの生産量のピークは１９７０年代の中ごろで、それ以降はずっと右肩下がりのトレンドが続いている。実は、オレンジ自由化が実施される以前に、みかんの生産量はピーク時から半減していたのだ。だとすると、みかん農家が潰れた理由は自由化ではない。ではその真の原因とは一体何か？

１９６０年代にみかんの生産量が増加した理由こそが、この半減の原因でもある。この頃、日本はまだ貧しく、果物といえばみかんが高級品とされ、飛ぶように売れた。そのため、各地の農家は桑畑を潰して大量のみかんを植えたのだ。高度経済成長期と重なり、みかんの消費量は爆発的に増えた。しかし、10年もみかんを食べまくっていれば、当然のことながら飽きてくる。また、１９７０年代以降、みかん以外の果物も輸入されるようになり、人々の果物に対する趣向も分散するようになった。爆発的に増えた需要は爆発的に減

みかんの栽培面積・生産量の推移

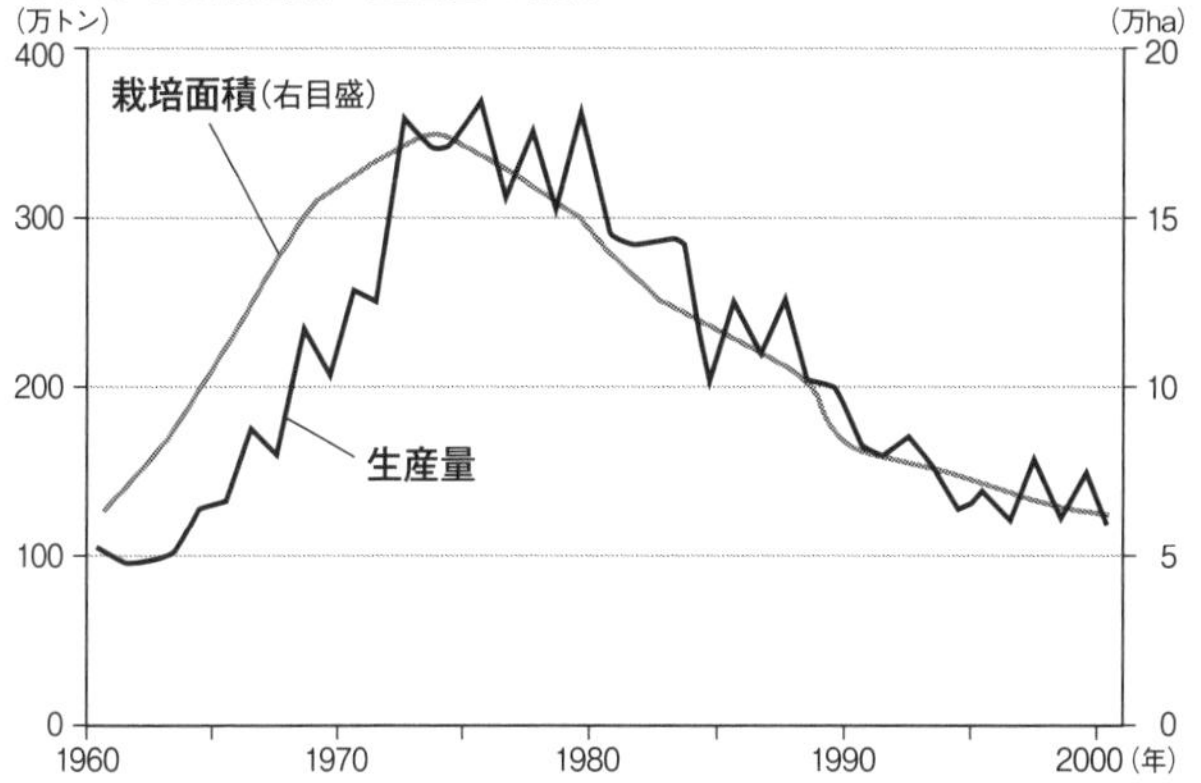

(データ出所:「みかんの需要動向とみかん農業の課題」農林中金総合研究所『農林金融』2002年8月号https://www.nochuri.co.jp/report/pdf/n0208re1.pdf)

る。いわゆる一発屋の法則を10年単位でやっていたのが、みかん農家だったのだ。少なくとも、オレンジの輸入自由化がみかんの消費を減らしたのではない。もともと一発屋だったのだ。

農業とはビジネスであり、ビジネスにはリスクが伴う。桑畑を潰してみかんの木を植えることが正解である時期もあるし、間違いであることもある。牛肉にしても、戦う分野を間違えて潰れてしまった畜産農家もいるし、戦いを避けて生き残り、今や羽振りのいい畜産農家もいる。商売は常にリスクとリターンだ。現時点で何が正解かは誰にも分からない。だからこそ、自由な発想でいろいろなアイデアを試してみる起業家精神が求められるのだ。

つまり、江戸時代の百姓が持っていたアニマルスピリットこそが、今求められているのである。

そして、政府は農家のアニマルスピリットを邪魔しないこと。何よりもこれが重要である。そのためには農業をめぐる岩盤規制を打ち砕いていかなければならない。

第3章

放送・通信

視聴者をバカ扱いするテレビ局

写真：Quickimage Stock/アフロ

「つまらない」を超えて内容が異常

最近テレビがつまらない。いや、つまらないどころか放送している内容がおかしい。そう感じる人が増えている。いや、そう感じているだけではない。テレビのスイッチを入れない人、見ない人が増えているのだ。

テレビがいかに巨大な既得権でも、テクノロジーの進化には逆らえない。インターネットには無限の選択肢があり、その表現内容も自由だ。すでに40歳代以下の人々の生活において、インターネットの占有する時間がテレビを超えている。

しかし、この現実をテレビ、特に地上波テレビ局は認めたくないらしい。そのため、あの手この手で既得権を維持しようと必死なのだ。

地上波テレビが産業として終わりつつある。かつて、私たちの眼球（アイボール）を毎日数時間単位で奪っていたのは地上波テレビのいわゆるキー局だった。しかし、その状況は大きく変わってきている。長期的な傾向として、テレビを見る人は減り続けているから

Q4　1日あたりテレビ視聴時間（単位：時間）

年代	男性	女性
18~29歳	1.73	2.70
30代	1.82	2.71
40代	1.81	2.63
50代	2.37	3.48
60代以上	3.71	4.37
平均	2.58	3.51

（データ出所：「視聴者の会」調査）

だ。

私が事務局長を務める、一般社団法人放送法遵守《じゅんしゅ》を求める視聴者の会の調査によれば、日本人の1日あたりのテレビ視聴時間は平均で3時間3分36秒だった。単純比較はできないが、2010年にNHKが行った同種の調査によると、その時間は3時間28分だったので、視聴時間は約1割減少していることになる。これを性別、年代別に詳しく見てみよう。

男性40代以下のテレビ視聴時間は2時間以下となっている。全体的な傾向として、男性より女性の方がテレビを30分~1時間程度長く見る傾向がある。また高齢者の方がテレビを長く見る傾向もあるようだ。女性の高齢者のテレビ視聴時間は40代男性の2倍以上とい

世代別テレビ視聴時間

	平日		休日	
	テレビ リアルタイム視聴	ネット利用	テレビ リアルタイム視聴	ネット利用
10代	73.3	128.8	120.5	212.5
20代	91.8	161.4	120.3	228.8
30代	121.6	120.4	166.9	136.0
40代	150.3	108.3	213.3	109.2
50代	202.0	77.1	265.7	82.4
60代	252.9	38.1	320.7	44.6
全体	159.4	77.9	214.0	123.0

（データ出所：平成30年度『情報通信白書』http://www.soumu.go.jp/johotsusintokei/whitepaper/ja/h30/pdf/n5200000.pdf）

う点も興味深い。若い世代は全体的にテレビを見ない傾向にあるため、今後も視聴時間は減少していくことになるだろう。

ちなみに、総務省の平成30年度版情報通信白書によれば、２０１7年のテレビ視聴時間は平均で2時間39分となっている。我々の行った調査よりもかなり厳しい数値となった。また年代別の視聴傾向も、視聴者の会の調査と大差がない。具体的な数値は上表の通りだ。

一見すると40代以上がテレビ世代、30代以下がネット世代のように見えるが、実際にはそうではない。この調査では、行為者率という数値が合わせて開示されている。行為者率とは、母集団の人数当たりの利用率のことで、総務省によれば次のように定義される。

行為者率

	平日		休日	
	テレビ リアルタイム視聴	ネット利用	テレビ リアルタイム視聴	ネット利用
10代	60.4	88.5	66.2	92.1
20代	63.7	95.1	67.6	97.7
30代	76.5	90.6	79.4	90.5
40代	83.0	83.5	83.8	84.4
50代	91.7	76.6	93.4	73.3
60代	94.2	45.6	96.7	46.1
全体	80.8	78.0	83.3	78.4

（データ出所：前掲『情報通信白書』http://www.soumu.go.jp/johotsusintokei/whitepaper/ja/h30/pdf/n5200000.pdf）

行為者率：平日については調査日2日間の1日ごとに、ある情報行動を行った人の比率を求め、2日間の平均をとった数値である。休日については、調査日の比率。

この行為者率において、40代ではテレビとネットが逆転した。元データを抜粋して上表にしておく。

この事実は世間に、よほどの驚きを持って迎えられたようだ。日経新聞には次のような記事が掲載されている。

40代もテレビよりネット、利用率が初の

逆転　総務省調べ

総務省が27日まとめた２０１７年の情報通信メディアに関する調査によると、40歳代でインターネットの利用率が平日で83・5％と、テレビ（83・0％）を初めて逆転した。休日も同様で、ネットの84・4％に対してテレビは83・8％どまり。10～30代ではもともとネット利用率が高い。総務省は「より上の年代にも、ネットが広く浸透してきた」（情報通信政策研究所）とみている。（『日本経済新聞』２０１７年7月27日https://www.nikkei.com/article/DGXMZO33505270270720I8EA4000/）

もはや、テレビの地位は絶対的なものではなくなった。

視聴者の利便性など眼中にない

それを象徴するような出来事が起こりつつある。新型テレビのリモコンはここ最近、大きく変化している。例えば、パナソニックのテレビには「ＮＥＴＦＬＩＸ（ネットフリックス）」の物理ボタンがすでに搭載されている。また、ソニーの最新のブラビアにはＮＥ

ＴＦＬＩＸのみならず、ＹｏｕＴｕｂｅやＵ－ＮＥＸＴなどの各種ネットサービスの物理ボタンが配置されていて、宣伝用のサイトには「リモコンに、『ネット動画』ボタンを搭載！ワンプッシュでかんたんにアプリが起動」と謳われている。(https://www.sony.jp/bravia/androidtv/app.html?s_pid=jp_/bravia/_braviatop_androidtv/app_nm)

このような動きは、放送が通信と融合し、テレビが地上波を見るための機械から、インターネットを経由して様々なサービスにアクセスするための機械に変わりつつあることを象徴している。テクノロジーの進化、ユーザーの利便性の向上は、もはや止められない。

ところが、日本のテレビ局は結託して既得権益を守ることに必死だ。視聴者の利便性など全く考慮にない。常に視聴者をバカにして、上から目線で自分たちの考えを押し付けてくる。バカな視聴者は自分たちに従っていた方が幸せだと考えているのだろう。簡単にまとめると、テレビの持つ既得権は次の３つに集約される。

1. 格安電波使用料
2. テレビ受像機の標準規格操作
3. ご都合主義の勝手な放送法解釈

1つ目の格安電波使用料については、すでに有名なことであり、改めて取り上げる必要もないかもしれない。平成28年度（2016）の主な携帯キャリアと地上波放送局の電波利用料は、下の表の通りである。

携帯電話会社に比べて、地上波テレビの電波利用料が驚くほどに安いことに気づくだろう。この表に出てくる地上波テレビ局を売上対比でみると、平均で0・2％である。携帯電話会社の平均が0・32％なので、割合で見てもかなりの割引を受けている。電波は国民共有の財産であり、それを独占的に利用するからには応分の負担があって当然だと思われる。しかし、実際にはそうではない。

平成28年度 主な無線局免許人の電波利用料負担額（単位：百万円）

事業者名	電波利用料の負担額
株式会社NTTドコモ	209
KDDI株式会社	137
ソフトバンク株式会社	168
日本放送協会	22
日本テレビ放送網株式会社	5
株式会社TBSテレビ	5
株式会社テレビ朝日	5
株式会社テレビ東京	5
株式会社フジテレビジョン	5

（データ出所：総務省「電波利用ホームページ」http://www.tele.soumu.go.jp/j/sys/fees/account/change/h28_futangaku/index.htm）

日本のテレビ利権の総本山

そして2つ目の問題は、テレビ受像機の標準規格の操作だ。日本において、テレビの定義を決めている団体は一般社団法人電波産業会（ＡＲＩＢ、通称「アライブ」）である。その設立の建前は次のようになっている。

一般社団法人電波産業会（ＡＲＩＢ）は、通信・放送分野における新たな電波利用システムの研究開発や技術基準の国際統一化等を推進するとともに、国際化の進展や通信と放送の融合化、電波を用いたビジネスの振興等に迅速かつ的確に対応できる体制の確立を目指して設立されました。（出典：電波産業会ＨＰhttp://www.arib.or.jp/syokai/seturitu.html）

しかし、ＡＲＩＢの会員名簿を見ると、全国の主要なテレビ局、ラジオ局だけでなく、家電メーカー、アンテナメーカーから工事業者まで、放送分野の関連業者がほぼすべて網羅されている。要は、これこそが日本のテレビ利権の総本山であり、ＡＲＩＢが決めた規格は会員企業にとっては法律と同じものになるのだ。そして、この中においてこれまで地上波テレビ局の発言力は強く、彼らの利権を守るために独自の日本仕様が編み出され、それを満たさない製品はテレビとして認められなかった。

例えば、日本のテレビはチャンネルを順送りすると、地上デジタル放送ならその中でチャンネルがループするようになっている。なぜ地上デジタル放送の最後のチャンネルまで到達したら、そのままＢＳやＣＳに順送りにならないのだろうか？

日本を除くほぼ全世界では、いわゆるテレビ放送の多局化、多チャンネル化が進んでいる。そして伝送方式も様々だ。例えば、1～10チャンネルが地上デジタルに割り当てられ、11～20がＢＳで、21～１００がＣＳで、１００～３００がネット放送といった設定も珍しくない。海外の場合、いちいち伝送方式のボタンを切り替えることなく、チャンネルを順送りにしたり、3桁入力したりすれば、見たいチャンネルが表示される。まさにシームレスな構造になっていると言っていい。

張り巡らされた放送業界の既得権

では、なぜ日本ではシームレスにBSデジタル、CS、ネット放送に繋《つな》がるようにしないのか？　そこには標準規格をめぐる岩盤規制が横たわっている。これはもともと、パナソニックが開発したスマートビエラで問題になったものだ。

スマートビエラは電源を入れるとメニュー画面が表示される仕様になっていた。簡単に言えば、スマホやPCの仕様と同じだ。テレビというのはスマートビエラで利用できるサービスの一つでしかない。Youtubeも、amazonプライムもTSUTAYAオンラインも同列に置かれていたのだ。しかし、この仕様には物言いがついた。

日本でデジタル放送を受信するテレビを作る場合、事実上、ARIBの規格に準拠しなければならない。そして、そのARIBの規格（ARIB TR-B14）には「混在表示」という中学校の校則レベル、まさに噴飯《ふんぱん》ものの決まりがある。該当箇所を抜粋する。

9・3 放送番組及びコンテンツ一意性の確保

放送番組及びコンテンツの全体としての一意性確保の為、受信機は以下の事項を守る事が望ましい。また受信機が蓄積機能を持つ場合、また外部の記録機をコントロールする機能を持つ場合も、以下の事項を守る事が望ましい。（中略）

・放送番組及びコンテンツの提示中に、それと全く関係がないコンテンツ等を意図的に混合、または混在提示しないこと。

ＡＲＩＢはテレビが「信頼されるメディア」であるということを前提に、この規格を定めているようだ。そして、「信頼されるメディア」であるからこそ、視聴者はテレビから流れてくる情報を鵜呑みにしてしまうそうだ。だから、今見ている放送が「信頼される地上波テレビ」なのか、それ以外の「いい加減なネット放送」なのか、常に視聴者が区別できるように制御されなければならない。

そのため、日本製のテレビはスタート画面があってはいけない。そして、リモコンはいちいち伝送方式を切り替えて、地上デジタルを見ているのかどうか視聴者は意識しなければならない――随分と上から目線だが、これは国際的に見ればヘンテコな独自仕様だと言えるだろう。

しかし、大変残念なことに、パナソニックのスマートビエラは仕様の変更を迫られた。私はスマートビエラを使っているが、電源を入れると地上波か、ＢＳか、ＣＳの最後に観た局が投影される。ＹｏｕＴｕｂｅの再生中に電源を切っても、再び電源を入れると戻ってくるのは「テレビ」の画面だ。放送業界の既得権はこんな細かいところにまで及んでいるのである。

そして、この規制からは視聴者を徹底的にバカにした、テレビ局の姿勢が透けて見える。彼らは、「視聴者の知能が低く、テレビで放送されることは本当かウソか検証することなく鵜呑みにするバカ」であることを前提としている。確かにネット上の動画はいわゆる「放送コード」がなく、憶測や裏を取っていない情報も混在している。しかし、デマがいったん拡散されても、ネット自体の検証機能によって、たちどころにそれがデマであることは判明する。クラウドの力というのはそういうものだ。

ところが、テレビ局は視聴者を子供扱いし、「視聴者がテレビと勘違いしてネットのデマを信じたら大変なことになる」と慮《おもんぱか》っているのだ。そのためにＡＲＩＢの規格を悪用し、問答無用にテレビのトンデモ規格を国内標準としてしまった。

テレビを観過ぎればそういうバカになるかもしれないが、こと40歳代以下の人に限って言えば、それほどテレビは観ていない。視聴者をバカにするにもほどがある。許しがたい傲慢《ごうまん》さだ。

しかし、その本音は、ネット放送に眼球（アイボール）を奪われることを何とか防ぎたいということではないだろうか。「テレビでネットを見るな、視聴率が下がるじゃないか！」という地上波テレビ局の心の叫びが聞こえてくる。

リモコンのチャンネルにも岩盤規制が

そして、標準規格を使ったもう一つの問題についても指摘しておきたい。それはリモコンに自動設定されるチャンネルに関するものだ。

２０１１年にアナログ放送が終わり、デジタル放送に完全移行したが、東京の場合、今でもリモコンの1チャンネルのボタンを押せばＮＨＫ総合が映る。私はこれに違和感があった。なぜなら、地上デジタル放送移行に伴い、ＮＨＫ総合の物理チャンネルは１ｃｈから27ｃｈに移行したはずだからだ。ところが、デジタルテレビのリモコンで27と入力せずとも、1を押せばＮＨＫ総合が映ってしまう。いったいこれはなぜなのか？　実はここにも標準規格を使った岩盤規制が横たわっているのだ。

なぜテレビのリモコンで「27」と押さなくても、NHK総合を見ることができるのか。それは関東地方において、強制的にリモコンの1チャンネルに物理チャンネルの27チャンネルを割り当てるように、テレビメーカーがデフォルト設定しているからだ。そして、物理チャンネルとは別に、決められたリモコンキーID（リモコンキー番号）を取り仕切っているのもARIBなのだ。

ARIBの『地上デジタルテレビジョン放送運用規定（ARIB TR-B14)』という規格文書には次のように規定されている。

6・2・3 地上デジタル受信機設置時の手順

(3)NIT（ネットワーク情報テーブル）内には、remote_control_key_id を記載して、放送事業者が望むリモコンキー番号①～⑫をTS（トランスポートストリーム）毎に割り当てる。これによって、TS毎の代表的なサービスがリモコンキーに割り付けられる。

「TS毎の代表的なサービスがリモコンキーに割り付けられる」という部分がまさに、物理チャンネルで27チャンネルのNHK総合を、リモコンの1チャンネルに割り当てる根拠となる。具体的にどのチャンネルがどことは書いていないが、地域ごとにリモコンの1〜12までにどの局が割り当てられるかという談合は、とっくに終わっているのだ。

デジタル放送において、映像も音声もすべてのデータは0と1で構成されるデジタル信号である。このため、当初リモコンのボタン番号についても、現状のネット――枠系列ごとに全国で統一しようとする動きがあった。しかし、この話し合いは決裂した。その理由は、アナログ時代と同じチャンネル番号を維持したいという一部の放送局のワガママである。その結果、地域ごとにチャンネル番号が異なるというアナログ時代の技術的制約がデジタルで再現されることになった。何のためのデジタル化なのか？　まさにユーザー不在、テレビ局のエゴで視野狭窄《しやきょうさく》に陥ったチャンネル割り当てだったのだ。

このような独自規格を国内向けに採用することは、日本のテレビメーカーの国際競争力を弱めることにもつながっている。日本向けのテレビが独自規格で、海外は標準化された規格に収斂《しゅうれん》していくことになれば、日本の家電メーカーの苦戦は当然だ。

これに対して海外のテレビ放送は多局化、多チャンネル化、多機能化している。製造業がメインだった時代には、国民のほとんどが朝9時から夕方5時まで働いて、夜はテレビを観るというスタイルが確立されていた。しかし、現代人のライフスタイルは変化し、多様な働き方をしている。「毎週同じ時間帯に決まった番組を観る」という視聴スタイルは、はっきり言って時代に合わない。出社する時間も帰宅する時間もバラバラ、子供は子供で塾などに通い忙しいので、家族みんなで同じ時間帯に同じ番組を観るのは奇跡に近い。

そのような中でＮＥＴＦＬＩＸのようなサービスが生まれた。好きな時間に好きなだけ観る。例えば、これまで放送されてきたものをまとめて一気に観るという視聴スタイルが一般的になってきた。

実際に私も、海外ドラマやアニメをまとめて一気に観ている。テレビで並行して放映している作品も多いが、毎週同じ時間に観たり録画したりするのは面倒だ。結局ＮＥＴＦＬＩＸでまとめて観てしまうことが多い。しかもＮＥＴＦＬＩＸは会員向けの放送サービスのため、Ｒ指定の作品なども観ることが可能だ。わざわざお金を払って、観たい人が観るからこそできるサービスと言えるだろう。実際にドラマの制作費などは日本の地上波テレビ局の10倍以上あるらしく、大人の視聴にも耐える、見ごたえある作品が多い。まずキャスティングありきで、脚本がいい加減、しかも予算不足な日本のドラマでは太刀打ちできないだろう。ＡＲＩＢを使ってヘンテコな独自仕様を作りたがる理由も、分からないでもない。

事実に基づかない報道のオンパレード

そして、最後に3つ目の問題、放送法の勝手な解釈について考えてみよう。放送法が意図するところは、放送が権力者にコントロールされるのを防ぐことだ。だから、基本的にテレビ局は政治権力から自由でなければならない。これが報道の自由であるともいえる。

しかし、放送に介入するのは政治権力であるとは限らない。放送事業者に強い影響力を持つスポンサー企業や経済団体、宗教団体、または、特定の政治勢力などが放送事業者にプレッシャーをかけることで真実を捻《ね》じ曲げ、視聴者に特定の政治的見解を意図的に刷り込む危険もある。例えば、特定の勢力が政権批判のためにスキャンダルをでっち上げ、それを真実であるかのように繰り返し放送することはあり得る。その放送を信じた人がウソの情報に基づいて投票行動を行い、国政選挙に影響を与えることだってできる。しかし、それが表現の自由として認められるものだろうか？　さすがに行き過ぎではないだろうか？

そこで、現行の放送法は、第一条と第三条で放送の「自律」と「自由」を保障しつつ、第四条で番組編集の原則を示している。その条文は次のようなものだ。

第四条　放送事業者は、国内放送及び内外放送の放送番組の編集に当たつては、次の各号の定めるところによらなければならない。

一　公安及び善良な風俗を害しないこと。

二　政治的に公平であること。

三　報道は事実をまげないですること。

四　意見が対立している問題については、できるだけ多くの角度から論点を明らかにすること。

放送法解釈の事実上唯一のリファレンス（解説書）である『放送法逐条解説』（金澤薫著、平成24年発行最新版）にはさらに詳しく次のように書いてある。

「表現の自由といえども絶対無制限ではなく公共の福祉に反しないよう行使しなければならないという外在的内在的制約を有している。このため、放送番組編集の自由についても絶対無制限の権利が認められていると考えることは妥当ではない。放送については本法第一条において放送を公共の福祉に適合するよう規律することを明らかにするとともに、法律に定める権限に基づく場合は一定の制約があることを認めている」(前掲『放送法逐条解説』54頁)

つまり、テレビが事実に基づかない勝手な報道をすることは許されないということだ。そもそも、国民共有の財産である電波帯域を独占的に使用する権利を持っている時点で、テレビ局が何の制約も受けないことなどあり得ない。昨今の「モリカケ騒動」などは本来あってはならない報道ではないのか?

政治家や官僚との癒着と言うことなら、東京医科大学裏口入学問題や、文科省接待スキャンダルも同等に扱われるべきだ。しかも、後者は東京地検特捜部に容疑者が逮捕され、新たな証拠もどんどん出てきている。立憲民主党の吉田統彦《つねひこ》議員が高級クラブでブローカーの谷口浩司容疑者に接待を受けている写真も、ネットに出回っていた。安倍総理と加計理事長が同席している写真はバーベキューの席だった。どう見ても吉田議員の方が怪しさ満載だ。ところが、マスコミは「反安倍無罪」を決め込み、2018年8月時点ではこの件をほとんど報道していない。あれだけ「モリカケ騒動」で大騒ぎしたのとは対照的だ。

安保法制、特定機密保護法、IR法案と毎回大騒ぎしたマスコミだが、結局、大山鳴動《たいざんめいどう》して何も出てこなかった。徴兵制も戦争も始まらない上に、酒場で上司の悪口を言っても逮捕される人は誰も出てこない。いったいあのバカ騒ぎは何だったのか？

彼らがウソをついてでも安倍政権を引きずり下ろしたい理由は2つある。1つは憲法改正、もう一つは放送の自由化だ。

ご存知の通り、マスコミの中には極左暴力集団のスパイが潜り込んでいる。一番有名な話はNHKプロデューサーの今理識《こんみちおり》氏だ。今氏は表向き解散したことになっている「しばき隊」のメンバーであり、実質的には沖縄支部長として過激な活動家を沖縄に送り込んだ張本人である。Twitterの「nos@unspiritualized」というアカウントの所有者であり、自分たちと異なる主張をする人に対して罵声《ばせい》を浴びせていた。このような活動家はマスコミにはたくさん潜んでいるらしい。テレビ局ではないが、新潟日報上越支社報道部長・坂本秀樹氏がTwitterアカウント「壇宿六（闇のキャンディーズ）」であったことが

2015年に発覚している。彼らにとって憲法改正阻止のためなら、どんなテロ行為も肯定されるのであろう。沖縄で機動隊員を殴りつけることと、ウソのニュースを広めることは、いずれも過激なテロ行為だ。

もし、日本で電波オークションを行ったら

そして、もう1つの理由である放送自由化は過激派のみならず、テレビ局全社が反対の立場だ。彼らは既得権を持つだけに、それを失うのは困るのだろう。しかし、テクノロジーの進歩には逆らえない。現行のテレビ優遇政策は、日本の産業技術の発展のためにもマイナスだ。

そもそも、先進国で電波オークションを行っていないのは日本だけだ。電波は国民共有の財産であり、その帯域は限られている。特定の業者が格安料金で独占することは正当化できない。もし、日本で電波オークションを行ったら、現在の電波利用料は1ケタ跳《は》ね上がると言われている。逆に言えば、今のテレビ局は電波タダ乗りという形で、間接的な補助金を貰《もら》い続けているのだ。

電波オークションは長年放置された課題である。そして、この課題に安倍政権はメスを入れた。2017年12月8日に閣議決定された「新しい経済政策パッケージ」には次のように明記されている。

周波数の割当手法を抜本的に見直し、新たに割り当てる周波数帯の経済的価値を踏まえた金額（周波数移行等に要する費用を含む。）を競願手続にて申請し、これを含む複数の項目（人口カバー率、技術的能力等）を総合的に評価して割当を決定する方式を導入するための法案を来年度中に提出することとし、そのための検討を行う。この新たな方式による収入は、周波数移行の促進やSociety 5.0の実現等のために活用することとし、そのための方策の検討を行う。（http://www5.cao.go.jp/keizai1/package/20171208_package.pdf）

しかし、マスコミはこの事実を捻じ曲げて解釈し、報道した。例えば毎日新聞は2017年11月29日の記事で「電波割当制度　オークション先送り　価格競争要素は導入」というヘッドラインを打った。閣議決定がされる前に世論をミスリードしようとしたのだろう。また、同時期に日本民間放送連盟（民放連）の井上弘会長は、電波オークションについて次のように批判している。

日本民間放送連盟（民放連）の井上弘会長は17日の定例会見で、政府の規制改革推進会議で議論が進められている、電波の周波数帯の利用権を競争入札にかける「電波オークション」導入について、「われわれは多かれ少なかれ公共性を担っており、金額の多寡で決まる制度には反対する」と批判した。

その上で、「われわれへの批判はあると思うが、公平性を保ち、ライフラインとしてやってきた自負がある」とも語った。（『産経新聞』２０１７年11月17日https://www.sankei.com/entertainments/news/171117/ent1711170017-n1.html）

新聞とテレビは完全にグルだ。これだけ偏向報道を放置して何が公共性か。まさに噴飯ものの会見と言っていいだろう。

ちなみに、閣議決定の中にある「競争的な割当方式」が意図するところは、広義の電波オークションに相当する。オークションの一般的なイメージは「競《せ》り」だ。より高い金額を出した人が商品を得る、いわゆる「競り上げ方式」を想像する人が多いであろう。しかし、定義上オークションには「競り上げ」だけでなく「競り下げ」とか、「封印型」とか、他にもたくさんの形態がある。閣議決定の言うところの「競争的な割当方式」は、必ずしも「競り上げ方式」ではないというだけで、他の方式のオークションも検討するということなのだ。記者は勉強不足なのでオークションには競り上げ以外の方式が存在することを知らなかったらしい。極めて情けない話だ。

オークションが実施されれば、テレビの既得権は崩壊する。通信大手やネット通販企業などがおそらく電波帯域の獲得に意欲を燃やすであろう。こうして競争を促進することで経済は発展する。既得権とは競争を回避する仕組みであり、最終的には経済の停滞をもたらすのだ。

写真：川北茂貴/アフロ

第4章 銀行

金融行政の被害者はいつも一般庶民

日本の銀行に何が起こったのか？

晴れの日に傘を貸し、雨の日に傘を奪っていくのがこの国の銀行だ。銀行はいつもリスクの見積もりを間違える。だから、不況の時にはお金を貸さず、景気が良くなると過剰に貸し付ける。そして、再び景気が悪くなると貸し剥がし。毎度毎度、同じことの繰り返しだ。なぜ銀行の経営者はこれほど無能なのか？

私は経営者として、そして個人として、そんな銀行のいい加減な経営に被害を受けてきた。それは私に限ったことではなく、多くの人にも共通していると思われる。ついい30年前には世界を席巻していた日本の銀行に何が起こったのか？　そこには金融自由化とは名ばかりの岩盤規制が横たわっていた。

アベノミクスが始まって4年目の2016年、私は何を血迷ったか、本業で銀行の融資を受けようと思った。私が起業したのはデフレの真っ只中の2001年。誰も信用しなかった私は、一切銀行に頼ることなく無借金経営を続けてきた。これからも無借金経営を続けてよかったのだが、経営者の先輩から「一度は銀行とお付き合いしてみた方が良い」とアドバイスを受けたので、一応取り組んでみようと思った。

ちょうど2014年から始めた格闘技のスポーツジムが当たって、新規の店舗展開のペースを上げるには好都合なタイミングでもあった。そして、一番大きかったのは2016年の3月に始まった日銀によるマイナス金利だ。「そんなに金利が安いなら一度借りてみるか」と考えた経営者は、私以外にもたくさんいたと思う。

さっそく、私は某信金と某メガバンクの担当を呼んで融資の相談を試みた。しかし、交渉は出合い頭で決裂した。全く話にならなかった。彼らはうちの会社の決算書をろくに見もせず、事業の中身についてもろくに話を聞かなかった。私の話を遮《さえぎ》るように勧めてきたのは制度融資だ。

制度融資とは、自治体が利子の一部を補助する半公的融資制度のことだ。当時は金利1・7%のうち0・4%を自治体が補助してくれるというディール（取引）だった。しかし、この制度の利用には1つ条件が付いている。信用保証協会による保証を必須としているのだ。その保証料は年額で融資金額の0・4%だった。企業側は金利と保証料を合わせて実質1・7%の金利を負担しなければならない。何のことはない、金利の補助と保証料で「行って来い」なのだ。

マイナス金利の時代に1・7%の金利とは、あまりに暴利であると私は思った。しかも、銀行の担当者は私が一見客《いちげんきゃく》だからか、ろくに事業内容も見ずに、右から左に制度融資を勧めてきた。本当に失礼な話だ。

実はこの融資相談をするにあたって、私は事前に情報を得ていた。私が顧問を務めている某ベンチャー企業の場合、融資の条件は無担保、保証人不要、金利0・7%という破格のものだった。その会社はあるファンドからの出資も受けているため、そこから紹介してもらっただけだという。紹介のあるなしでこんなに変わるのか？　私が提示された金利の半分以下である。これは明らかに差別だ。

コネがあれば金利は値引きされるということだとしたら、日本の銀行は支那共産党を笑えない。こんなことをしていたら、いずれ日本の銀行は滅びるだろう。いや、滅びてしまうべきだ。

「銀行」というビジネスモデルは死んだ

その兆候はすでに表れている。メガバンクが相次いでリストラを発表した。みずほ銀行は店舗20％削減、人員約2万人のリストラ。三菱ＵＦＪ銀行は5年間で店舗を半減させ、人員も1万人削減、三井住友銀行も3万２０００人のリストラを決めた。

バブル時代、リスクを取らずに大企業に就職し、デフレ期を正社員で逃げ切ろうとしていた人はお気の毒だ。転籍などによって、アテにしていた退職金も大幅に削減されるかもしれない。

実は、私が大学を卒業して就職したのは日本長期信用銀行（現・新生銀行）だった。１９９8年に破綻して国有化され、その後リップルウッドというハゲタカファンドに買われた、あの銀行だ。昔は、早めに銀行を辞めたことが正しかったのかどうか迷ったこともあったが、最近のメガバンクの相次ぐリストラ報道を聞くにつけ、やはりあの判断は正しかったと確信している。当時、私は二十代の若者だったが、よくぞ決断したと思う。

旧来の銀行というビジネスモデルは死んだ。いや、実はバブル期に、すでに死んでいた。そして、それからずっと死んでいる。ところが、銀行には死んだという感覚がない。まさに生ける屍《しかばね》、ゾンビである。しかし、世間一般の多くの人は、未だに銀行が生きていると思っているらしい。

銀行は預金を集め、貸出しを行う。貸出先がどれぐらいのリターンが期待できるか、そのリスクはどの程度なのかを審査する力が銀行には必要だ。ところが、銀行にはこの力がなかった。多くの銀行がバブル期に見込み違いをして、リターンが見込めない事業に大量の貸付けを行ってしまったのだ。私が勤めていた日本長期信用銀行も世界中のリゾートを買いあさったＥＩＥインターナショナルに３８００億円とも言われる多額の融資を行い、それが焦げ付いて破綻した。また、日本興業銀行は大阪にある料亭の女将・尾上縫《おのうえぬい》の株投資のために２３００億円もの巨額融資を実行し、ほぼすべてを失っている。その後、興銀は今のみずほ銀行と合併し、行名もろとも消えた。

銀行が巨額の損失を出すたびに、政府と日銀は公的資金を注入し、救済する。庶民感覚からすれば放漫経営の尻ぬぐいのための税金投入など言語道断だ。しかし、仮にある銀行が完全に破綻したとすると、その銀行に債権を持つ他の銀行や企業に巨額損失が発生する。それが原因となり連鎖的に他の銀行も破綻する可能性がある。いわゆる「カウンターパーティーリスク」というやつだ。こうなると一つの銀行の破綻では済まない。金融システムそのものが崩壊し、一国の経済が大混乱に陥《おちい》ってしまう。

それに比べれば、確かに一つの銀行を救済するぐらい安いものだ。２０００年前後の公的資金の注入と不良債権処理には、なんと12兆円もの税金が投入された。しかし、多くの銀行経営者は責任を取らなかった。むしろ、その責任は現場に押し付けられ、中間管理職のストレスによる自殺や心の病などが蔓延《まんえん》した。さすがにこれは酷い。

経営者が責任を取らなかった理由は単純だ。結局、彼らは規制当局の言いなりだった。操《あやつ》り人形に責任はない。いや、むしろそれを操っていた人々が責任の波及を恐れた。もちろん、大蔵省は解体されたが、あれはあくまでも接待スキャンダルが原因だ。要は賄賂《わいろ》が問題になっただけであって、銀行規制の失敗の責任を問われたものではなかった。

当時は金融ビッグバンなどと言われ、自由化が始まった時代だったが、大蔵省と日銀の規制は厳しかった。文字通り箸《はし》の上げ下ろしまで指導されていたと言っていい。銀行は規制当局の言いなりに経営し、バブルが弾けて不良債権の山を作った。それだけの話だ。最初から経営者に経営能力があるわけではなかったのだ。彼らは単に「流れ」に乗っていたに過ぎない。

もちろん、流れに乗っているだけで経営ができた時期もあった。高度経済成長期はまさにそんな時代だ。日本が戦争の痛手から立ち直る過程で、人口の都市への移動、工業化が一気に進み、またアメリカの恩情で1ドルが360円という超円安固定レートだったため、

ドル／円為替相場（1971〜2017年）

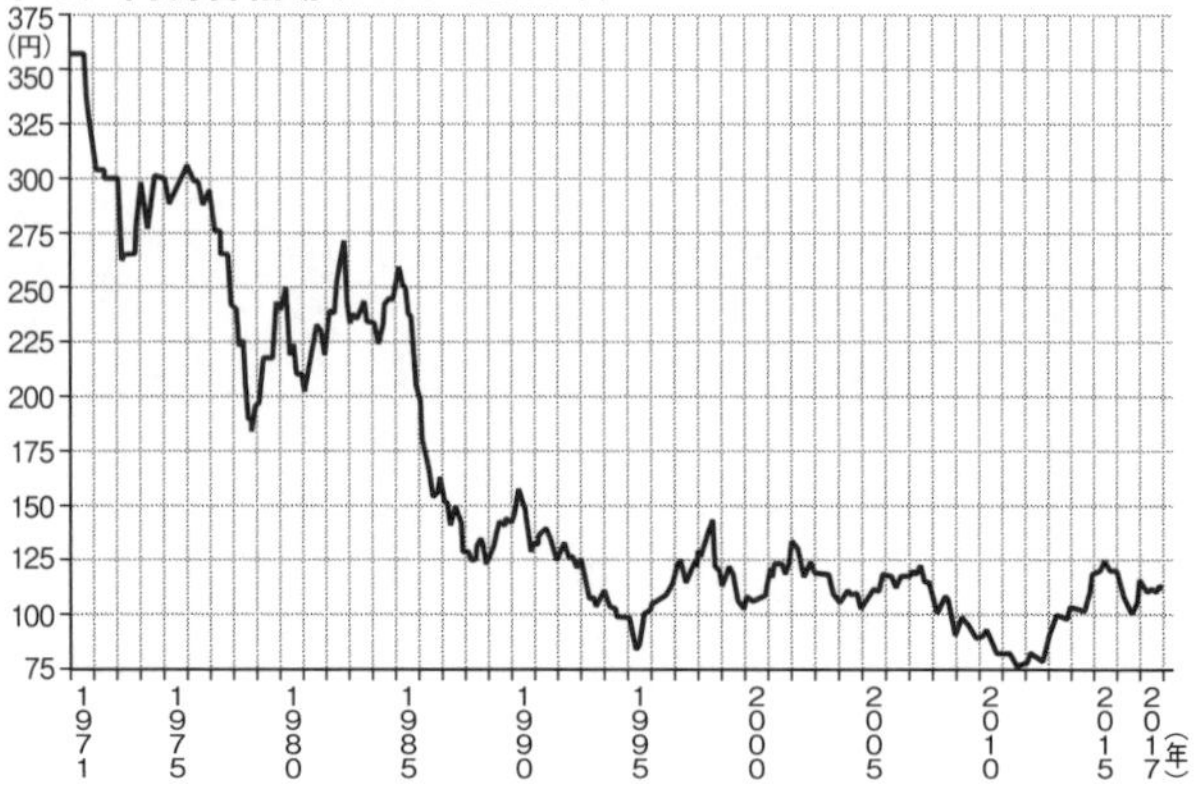

（データ出所：https://xn--1-nguwep56l.com/）

どんな企業に融資しても、だいたい返済を受けられた。しかも、年率10％近くの経済成長が続いており、金利も今よりずっと高かったのだ。これならどんなバカが審査しても大抵はうまくいく。問題はその後だった。

その転機は１９８５年のプラザ合意だと言われている。プラザ合意について、アメリカの陰謀だとか圧力だと決めつけている人がいるが、これは正しくない。むしろ、プラザ合意以前が日本の陰謀で、円が不当に安く操作されていたと言った方が正しい。１９７１年のニクソンショック以降、１ドル３６０円の固定相場は廃止され、日本は変動相場制に移行した。ところが、急激な円高で国内産業がダメージを受けることを恐れた大蔵省は

「シャドー為替介入」を続けていたのだ。1970年代に1ドル300円前後とか、200～250円など、不自然に為替が安定していた記憶はないだろうか？　実はこれこそが「シャドー為替介入」の賜物《たまもの》だ。なお、この点については『戦後経済史は嘘ばかり』（高橋洋一著、PHP新書）に詳しいのでぜひご一読をお勧めする。

1970年代、日本経済がどちらかというとインフレに苦しんでいた理由も、まさにこのためだった。当時の大蔵省と日銀は為替レートを維持するために、国内経済を犠牲にしていた。これは経済学の知見でいうところの「国際金融のトリレンマ」として知られる、絶対に逆らえない掟だ。次の3つの政策のうち、2つを取れば残りの1つは必ず犠牲になる。

①　固定相場制
②　資本取引の自由
③　金融政策の自由

当時の日本は表向き、変動相場制に移行したにも拘わらず、為替をコントロールして実質的な固定相場制にするため、政策の割り当てを行っていた。資本取引の自由とは外国とのお金のやり取りのことで、これは今更止められない。海外から日本への投資資金もあるし、その逆もある。結果として、金融政策の自由が犠牲となった。金融政策の自由とはインフレ率や金利などをコントロールすることだ。

１９７０年代に、高度経済成長が終わったことによって、巨額資金を重厚長大産業に貸付け、たんまり利ザヤを抜くという銀行の楽勝ビジネスモデルは終わった。しかし、それでも大蔵省と日銀の闇の為替操作によって、インフレ気味の状態が続いたため、金利も高く、何とか儲けをたたき出すことはできた。しかし、１９８５年9月に転機が訪れた。それがプラザ合意である。

プラザ合意は日本を狙い撃ちにしたと言われるが、ただ単に「シャドー為替介入」を止めなさいということが決まっただけの話だ。現代で言うなら、トランプ大統領が習近平国家主席に対して、「為替操作を止めろ！」と言うに等しい。本来、変動相場制に移行しているはずなのだから、為替介入によって相場を操作している方が間違っている。日本はこれを全面的に受け入れざるを得なかった。その結果、ドル円相場は1ドル２００円から一気に１２０円台まで円高になった。そのせいで、日本国内は円高不況が発生し、輸出産業を中心に大きなダメージが広がった。

審査能力のない銀行

この状況を打破するために、1985年末から大蔵省は日銀に命じて、それまで5%だった公定歩合（政策金利）を段階的に引き下げた。1987年に公定歩合は史上最低金利の2・5%まで引き下げられた。これと同時に、日銀の窓口指導が強化された。日銀は市中銀行への資金割り当てを増額し、それを無理やり貸出させるための融資計画を提出させたのだ。

当時、日銀からの資金は超低金利で取れば必ず利益があると言われていた。しかし、貸出先もないのにそんな巨額の資金を取るべきだったのか？　すでに重厚長大産業の資金需要もなく、自動車メーカーや電機メーカーも市場から直接資金調達ができるようになっていた。しかし、日銀の窓口指導には逆らえない。「おたくが要らないなら、他に回すよ」と言われればそれまでだ。その結果、市中銀行は得られるだけの資金を得た。当然、市場には多額の資金が溢《あふ》れかえった。貸出先のない資金は、不動産市場に流れ、自己実現的に不動産価格が高騰した。バブル景気だ。

銀行はもともと、大した審査能力がない。審査は将来性のあるビジネスを探すものではなく、単に返済能力のあるなしを判定するものだ。よって、担保をたくさん差し出せる人、要するにもともとお金を持っている人にたくさんお金を貸せるということになる。土地価格が値上がりすると、担保価値が上がるため、銀行はよりたくさんのお金を貸せるようになる。そして、そのお金が再び不動産投資に回れば、不動産価格が高騰する。またもや担保価値が上がり、銀行はよりたくさんのお金を貸せるようになる。土地の値上がりと担保価値の向上が連鎖することで、市場には無限の資金が溢れたのだ。

おかげで一般庶民は多大なる迷惑を蒙った。この時代は、戦後のベビーブーマー（団塊の世代）がちょうど40歳代に差し掛かった時期だった。その大半はサラリーマンで、死ぬまでの間にマイホームを買いたいと思っていた人々だ。ところが、土地価格の高騰によって彼らの夢には黄色信号が灯った。しかも、これだけたくさんのマイホーム需要があるにもかかわらず、政府の規制緩和は遅々として進まず、高層住宅なども今のように簡単に建てることはできなかった。

また、都市部でたいして農業をしていないのに農地扱いして税金を値引きする「生産緑地法」という悪法が1974年に生まれていた。土地価格の高騰を抑制するなら、この法律は廃止されるべきだった。なぜなら、農地に宅地並みの高い税金をかけて土地を手放させることで、土地の供給を増やせるからだ。そもそも、土地の価格に見合わないビジネスは退場してしかるべきだ。ところが、地主の利権を護《まも》るためにこの法律は温存された。まさに、逆方向の不作為だ。

低金利と土地の供給不足のダブルパンチで、マイホームの価格は高騰し、人びとの怒りが爆発したことは記憶に新しい。連日、マスコミはバブル叩きに走り、日銀の澄田《すみた》智総《さとし》裁（当時）は激しいバッシングを受けた。

ところが、この「相場」で大儲けした人がいる。土地の値上がりに乗じて、より多くの資金を銀行から引き出し、事業を拡大させたデパートのそごうなどがその典型だ。そごうは郊外の土地を開発し、デパートを進出させることで、周辺の土地価格が上がることに目を付けた。土地の値上がり分だけ担保価値が増えるため、新たに資金を銀行から融資してもらい、その資金で再び新規出店する。すると、新規出店した場所の土地価格も上昇し、またもや担保価値が上がる。これをひたすら繰り返すことで無限に成長できると踏んだのだ。

当時、そごうを率いていたのは興銀出身の水島廣雄《みずしまひろお》会長である。水島氏は母校である中央大学の法学部で「企業担保法」という授業を受け持っており、このからくりを講釈していた。実はちょうどそのころ、私は中央大学法学部の学生だったのだが、残念ながらこの授業は取らなかった。

もちろん、この経営手法は土地の値上がりを前提としたものだ。バブルが崩壊し土地価格が値下がりを始めると、資金は一気に逆回転した。そごうの倒産に際して水島氏は個人保証した債務の強制執行を免れようと、1億円余りの個人資産を隠した。この件で、2001年5月に逮捕されている。

ある日突然、手のひらを返した日銀

しかし、実は水島氏はむしろ犠牲者ではなかったのか？　土地が上がり続ければ正解というビジネスモデルを銀行が承認し、巨額のお金を貸してくれた。ただそれだけのことである。もし、「土地価格が右肩上がりに上がり続けることはない」と銀行が知っていたなら、金は貸さなかっただろう。ところが、銀行は規制当局の言いなりになっているだけで何も

日銀の公定歩合（基準貸付利率）の推移（1981～1999年）

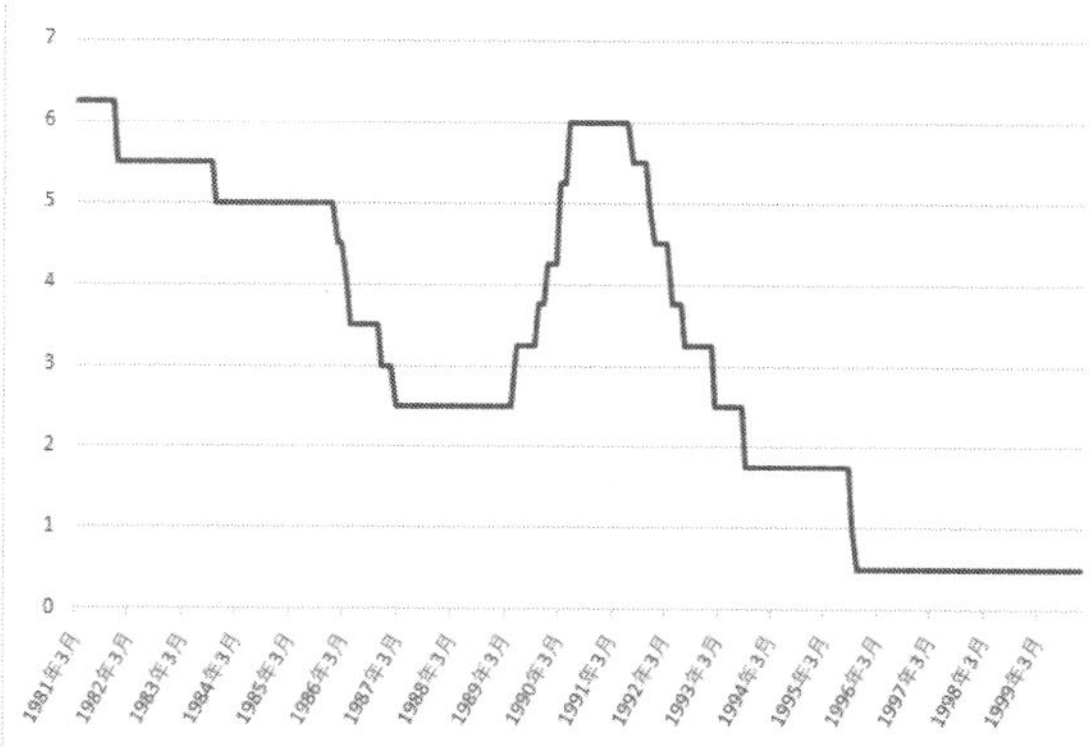

（データ出所：日本銀行）

考えてなかったのだ。

長銀がＥＩＥインターナショナルへの巨額融資に手を染めたのも、興銀が尾上縫のような素人投資家に大量の投機資金を貸付けたのも、結局は大蔵省と日銀の指導が遠因だ。似たような危ない案件は、当時どの銀行でもやっていたことだ。箸の上げ下ろしまで指導されていた当時の銀行業界において、指導に逆らって貸出しを増やさないことなどあり得ない。無理やり案件を見つけて貸付けろと言われれば、その通りにやるしかなかった。そして、この状況が永久に続くと見込んで、水島氏のような経営者が思いっきりリスクを取ったのだ。

ところが、世間のバブル叩きが過熱すると、ある日突然日銀は手のひらを返した。1989年5月、突如として公定歩合の引き上げを開始したのだ。

いままでは「どんどん貸せ！」と煽っていた大蔵省と日銀が、突如として手のひらを返し、もう貸すなと言い出した。銀行はまさかと思ったが、1990～91年の大蔵省の総量規制で不動産への貸出しに制限がかかるに至って、当局が本気であることに気付いたのだ。

そして、ここから何度か日本経済は立ち直りのきっかけをつかむが、そのたびに大蔵省と日銀がチグハグな対応をして、最後はデフレ不況へと転げ落ちてしまった。その過程で大蔵省は接待スキャンダルを起こし、解体されて財務省と金融庁に分割された。

基本的にこれ以降、財務省は緊縮モード、日銀は金融引締めモードになる。しかも、20年近くもの長期間にわたって。銀行はこの政策変更に唯々諾々《いいだくだく》と従い、イケイケドンドンから貸し剝《は》がしモードへと、何のためらいもなく転換していった。

そして、土地の値上がりを見込んで慌ててマイホームを購入した一般庶民は、とんだ高値掴《づか》みとなってしまった。1989年の日銀の政策転換の時点で、まさかこれほどの土地価格の値下がりがあり得ると思っていた人は誰もいなかった。1991年の大蔵省の総量規制の後でも、土地は一時的に値下がりするかもしれないが、2000年ごろまではいずれまた上がると信じる人がほとんどであったと思う。なぜなら私もその一人だったからだ。

銀行を辞めて転職した後、幸運にして小金を貯めることに成功した私は、何を血迷ったかマイホームを買ってしまったのだ。しかも、4000万円もの巨額ローンを組んで。1998年のことである。その後、2002年にその家を手放すことになるのだが、合計1000万以上の損失を被《こうむ》った。この時の詳しい顛末《てんまつ》は拙書『家なんて200%買ってはいけない』（きこ書房）をお読みいただきたい。ちょうど、この頃に会社をリストラされてしまった人はみな私と同じような悲惨な目に遭《あ》っていただろう。ローンを清算したら家を失って借金だけが残ったというケースも多かったのではないか。まさに金融行政の犠牲者は我々一般庶民なのだ。

とはいえ、私はローンが清算できたのでまだマシな方だ。中には、返済不能になって破産してしまった人もいる。破産まではいかなくとも、将来の返済がほぼ不可能な状態で何とか利払いだけ続けているとか、利払いですら数か月滞っているという人も多い。こういうケースを、住宅ローンに限らず企業向けの貸出しまで視点を広げ、銀行側の視点で見たのが、いわゆる不良債権問題だ。

不良債権が増えた原因は、借り手側の返済能力を過剰に見積もった貸手側にもある。銀行経営者は規制当局である大蔵省と日銀の言いなりになってリスクを軽視し、貸出しを増やした。その結果、返済が見込めない不良債権の山ができてしまった。しかし、問題はこの後だ。２０００年前後までの大蔵省と日銀のチグハグな対応により、それ以降もデフレが長引いたために、優良な債権までもが追加的に不良債権化してしまった。規制当局の対応が「Too little, too late」だったことが悔やまれる。

スルガ銀行事件は氷山の一角

この時、何度となく公的資金を注入されたが、どうにもならない銀行は破綻して国有化された。私が勤めていた長銀、そして拓銀、日債銀、山一證券など名だたる金融機関が破綻してしまった。また、潰れないまでも当時の都市銀行は統廃合され、いまのメガバンクができた。これも規制当局の指導によるものだ。銀行には全くもって主体性がないのである。そして、現在もこの流れが続いていると考えてよい。

このたびは飛鳥新社の本をご購入いただきありがとうございます。今後の出版物の参考にさせていただきますので、以下の質問にお答えください。ご協力よろしくお願いいたします。

■この本を最初に何でお知りになりましたか

1.新聞広告（　　　　　　新聞）
2.webサイトやSNSを見て（サイト名　　　　　　　　　　　　）
3.新聞・雑誌の紹介記事を読んで（紙・誌名　　　　　　　　　）
4.TV・ラジオで　5.書店で実物を見て　6.知人にすすめられて
7.その他（　　　　　　　　　　　　　　　　　　　　　　　　）

■この本をお買い求めになった動機は何ですか

1.テーマに興味があったので　2.タイトルに惹かれて
3.装丁・帯に惹かれて　4.著者に惹かれて
5.広告・書評に惹かれて　6.その他（　　　　　　　　　　　）

■本書へのご意見・ご感想をお聞かせください

■いまあなたが興味を持たれているテーマや人物をお教えください

※あなたのご意見・ご感想を新聞・雑誌広告や小社ホームページ上で
1.掲載してもよい　2.掲載しては困る　3.匿名ならよい

郵 便 は が き

62円切手を
お貼り
ください

1 0 1 - 0 0 0 3

東京都千代田区一ツ橋2-4-3
光文恒産ビル2F

(株)飛鳥新社　出版部

『日本を亡ぼす岩盤規制』
読者カード係行

フリガナ	性別　男・女
ご氏名	年齢　　歳
フリガナ	
ご住所〒 TEL　　　(　　　)	
ご職業　1.会社員　2.公務員　3.学生　4.自営業　5.教員　6.自由業 7.主婦　8.その他(　　　　)	
お買い上げのショップ名　　　　所在地	

★ご記入いただいた個人情報は、弊社出版物の資料目的以外で使用することはありません。

2012年末からアベノミクスが始まったことで、これまで死に体だった融資部門にもチャンスが訪れたように見えた。しかし、貸出しの伸びは鈍い。全体としては増えているがまだまだである。その理由はこれまでの経緯を見ていただければ分かるだろう。銀行からしてみれば、「お上から貸せと言われて貸していたら、突然貸すなと言われた。そして、しばらく経ったらまた貸せと言ってきた。信用できない」ということになる。

そもそも、銀行に就職する人は安定志向の人が多く、リスクを取れない。減点主義の職場で長年やってきた今の銀行トップは、年代的にちょうど40代ぐらいの時にバブル崩壊後の悲惨な後処理を社内で見てきた世代だ。いくら当局が背中を押しても、手のひら返しのトラウマが彼らをしり込みさせる。本章冒頭の私の体験はまさにそれだった。まともに話も聞いてもらえず、「出回り」の制度融資を機械的にハメ込んでくる。こんなものは営業でも審査でもない。単なる作業だ。

そして、銀行は同じ過ちを繰り返した。「かぼちゃの馬車」というシェアハウスのサブリースで高利回りを謳《うた》った株式会社スマートデイズは、予定した配当を支払えず破綻した。この事件に大きく関わっていたのはスルガ銀行である。彼らは融資の申請書類を偽造して、支払い能力のない個人に一人平均2億円もの巨額融資を行っていたのだ。

「かぼちゃの馬車」のシェアハウスは、ハイスペックで低価格を謳《うた》っていたが、実態はタコ部屋に近い代物《しろもの》だった。入居者数に比べてトイレや浴室の数が少なく、満室になればトイレ渋滞が発生することは間違いないと言われていた。シェアハウスはすでに過当競争であり、入居者の獲得見込みも相当甘かったと思われる。被害総額は1000億円に上ると見られている。

この事件はスルガ銀行によって引き起こされたと言っても過言ではない。一般人にフルローンで2億円ものお金を貸すこと自体、どうかしているのだ。書類の偽造は行員が主導して行ったとのことで、審査はまさにザルだったと言っていい。そして、恐ろしいことにこの問題は程度の差こそあれ、他の銀行でも発生しているのである。

銀行の審査能力はバブル崩壊前と大して変わっていない。スルガ銀行の融資書類の偽造は本人に担保能力があるかのように見せかけるものだった。このことからも、返せそうな人に貸すという基本姿勢は変わっていないことが分かる。

スルガ銀行ほど甘い審査でなくとも、実際に資産を持っている人に、以前よりも積極的に資金を貸し出すことは、他の銀行でも行われていた。その典型がいわゆる「アパマンローン」というものだ。地主に対して、相続対策になるという触れ込みでアパートの建築を勧誘する業者がいる。彼らはアパートを30年間一括で借り上げて家賃保証をするなどと、甘い言葉で地主をその気にさせる。そして、実際にアパートを建てる際には銀行ローンを活用するのだ。アベノミクスが始まって以降、このやり方でたくさんのアパートが日本中に乱立した。よく地方で畑の真ん中にカラフルなアパートができているのを見かけることはないだろうか？　あれがまさにそれである。

ちなみに、この「30年一括借り上げ家賃保証」にはカラクリがあるので指摘しておこう。契約書の細かい文言をよく読むと、大抵は家賃の決定権が借り上げる業者側にあることが多い。近隣家賃の相場に合わせて変更されることがある、という記述がそれにあたる。つまり、アパートを建てたはいいが入居者が少なかった場合、業者側は値下げを提案してくる可能性があるのだ。アテにしていた家賃を勝手に値下げされてしまって、借金の返済にも支障をきたす人も出てくる。

さらに、契約書の細かい文言には、リフォームが必須であったり、その際に指定業者を使ったりなどの制約がある。もしリフォームを拒否すれば、家賃保証は解約されてしまう。顧客である地主は永久にサブリース業者から毟《むし》られる構造になっているのだ。もちろん、これらのコストを負担しても利益を生んでいる物件が全くないわけではない。しかし、実際に自分が持つ物件が、そういうラッキーな結果となる保証はどこにもないのだ。

こんな危ういビジネスモデルを、銀行は審査しないのであろうか？　もちろん、そんなことは審査しない。融資を受ける地主に返済能力があるかどうか、土地の担保価値しか見ていないのだ。アベノミクスのお陰で、地方の土地価格も下げ止まったため、おそらくこういうビジネスが跋扈《ばっこ》したのだろう。

金融庁はこうしたアパマンローンの盛り上がりを警戒し、２０１７年10月に改善要求を出した。ある地方信金の支店長に聞いたところによると、実際には２０１７年の4月から、アパマンローンはこれ以上ダメというお達しが内々にあったらしい。それまで緩かった審査が一気に厳しくなり、事実上アパマンローンの新規案件は受付停止になっていたそうだ。

アパマンバブル発生を未然に防いだ点は評価できるかもしれないが、結果的に「かぼちゃの馬車」の破綻は免《まぬが》れなかった。やはり金融庁の指導力もその程度だし、銀行の審査能力に至ってはまさに絶望的なレベルであると言わざるを得ない。誤った規制当局の誤った政策判断と、それに唯々諾々と従う銀行の無能ぶりは全く改善されていないと考えていいのではないか。本当に恐ろしい話である。

銀行は経営危機に陥る

銀行は貸出しを増やすことによって、世の中のお金の量を増やすことができる。お金の量が増えれば景気は良くなり、企業はより多くの利益を求めて積極的に投資を増やそうとする。当然、資金需要が増すため、銀行の貸出も増えていく。貸出しが増えれば銀行は儲かるようになる。

しかも、貸出しへの需要が非常に大きくなれば、資金がむしろ足らなくなって金利が上がり始めるだろう。これがデフレからの完全脱却の最終段階で起こる「良い金利上昇」だ。金利が上がれば銀行の収益は更に改善する。セコい国債のディーリングなどしなくても、本業で食っていけるようになる。これがポイントだ。

日本がデフレに陥ったとき、日銀は金利を下げて、下げて、下げまくって最終的にはゼロを通り越してマイナス金利に到達したが、それでもデフレが終わらなかった。その理由は、前述の通り人々のデフレ期待があまりにも強く、金利だけでは不十分だからだ。

逆に言うと、１９９０年代末までにアベノミクスと同じ政策をやっていれば、そもそも日本はデフレに陥ることはなかっただろう。日銀は1999年2月からゼロ金利政策を実施したが、翌年なぜか解除し、2001年に再びゼロ金利に復帰するという迷走を繰り返した。そして、財務省は徒《いたずら》に財政危機を煽り、景気が回復基調だった1998年と2014年に消費税を増税した。人々は日銀と財務省の迷走ぶりに失望し、再びデフレが来ると予想しているのだ。

現在、アベノミクスによってデフレから辛うじて脱却しつつある日本だが、いまだに政策的手当ては十分とは言えない。日銀は物価目標を達成していない上、物価上昇率はゼロをほんの少し上回る程度だ。こんな状況で金利はもう上がらない。無理やり金利を上げれば、貸出しが大幅に減って銀行は経営危機に陥るだろう。そうなれば再び金利を下げるしかない。結局もう金利は上がらないし、上げられないというのがマーケットコンセンサスである。

相次ぐ銀行のリストラ発表は、この状況の中で万策尽きたことを象徴する出来事ではないだろうか。昔はお上の言う通りやったらたまたま儲かっただけで、同じことを続けていたらバブル崩壊で大損し、その後は羹《あつもの》に懲《こ》りて膾《なます》を吹く状態。デフレで貸出しが伸びない時期は債券のディーリングでセコく儲け、アベノミクスが始まったらアパマンローンでプチ先祖返り。そして、それでも儲からなくなったら行員に責任を押し付けてリストラ。なんと安易な商売であろう。これを経営と呼んでいいのだろうか。私にはバカでもできそうに思えてならない。

第5章 ＮＨＫ

純資産８３００億円！　金満体質を告発

写真：Rodrigo Reyes Marin/アフロ

金満体質を暴く

企業の内部留保が積みあがることは悪いことらしい。テレビや新聞がそういう企業を批判していた。企業の内部留保が積みあがるということは、毎年発生する利益を従業員や株主に還元せず、投資や貯蓄に回しているということである。

しかし、銀行がアテにならないご時世、将来の売上減少リスクに備えて、先行投資や貯蓄に回そうとする企業の経営者の気持ちは分からないでもない。従業員に給料が払えなくなったら会社は終わりだ。そのためには備えあれば患いなしである。

テレビや新聞はそんな経営者の心配を全く理解することはない。醜い経営者が従業員から搾取して儲けを貯め込んでいる。そういう「角度」を付けて経済問題を扱うのはいかがなものかと思う。一般的な中小企業の経営を考えると、経営者=悪と決めつけたような報道は慎むべきだ。

とはいえ、百歩譲って内部留保が悪であるとしたら、利益を本業に投資もせず、貯蓄ばかりしているケチ会社は確かに批判の対象になるかもしれない。溜め込んだ金額が毎年の売上に匹敵するほどならトンデモない話だ。ましてその会社が法律によって売り上げを１００％保証されていたり、競争もせずに巨額のキャッシュフローを毎年得ていたりしたら、人々の怒りの矛先を向けられて当然だ。

そして、大変残念なことにそんな会社は実在する。私がその会社を教えて差し上げよう。その会社とは、日本放送協会、ＮＨＫである。

ＮＨＫの財務諸表はピカピカだ。目が潰れるぐらいといっても過言ではない。なにせ積み上げた純資産は８０００億円以上ある。これは自動車メーカーのマツダや富士重工を凌《しの》ぐ金額だ。一体、ＮＨＫは何を目指しているのだろうか？　そんな金満ＮＨＫには今年も１０００億円以上の受信料が流れ込んでいる。そして、最悪なことに、その大半は使われずに貯め込まれていくだけだ。

マスコミは中小企業の経営者が将来に備えて内部留保を積み上げることを攻撃しつつ、自分たちの仲間のＮＨＫが国民から巻き上げた受信料を使わずに貯め込んでいることを全く攻撃しない。このダブルスタンダードは一体何なのか？　これ自体が極めて問題である。

本章では、マスコミが大人の事情で絶対に取り上げない本当のＮＨＫ問題について考察したい。

「NHKが勝訴した」は大嘘

これまで、NHK問題と言えば、受信料の詐欺《さぎ》的な徴収か、放送内容の偏向、事実の捏造、歴史歪曲など、番組作りに関するものがメインだった。たしかに、公共放送を名乗るからには、放送法四条が定める「政治的に公平であること」「事実をまげないこと」「意見が対立している問題については、できるだけ多くの角度から論点を明らかにすること」について遵守《じゅんしゅ》する義務があるのは当然だ。

はたして、NHKがモリカケ問題や安保法制、テロ等準備罪などの報道において、これらの義務を守っていただろうか？　残念ながら、守られなかった。それは私だけでなく、多くの人が感じていることだ。私が事務局長を務める「放送法遵守を求める視聴者の会」が行った世論調査によれば、最近、偏向報道が増えていると感じている人は、なんと約7割（67・8％）にも達していた（この調査はマスコミが行う世論調査と同じRDD方式で行われたことを付記しておく）。

偏向報道を繰り返すならば、NHKの受信料など払いたくないと考えている人がたくさ

「視聴者の会」世論調査

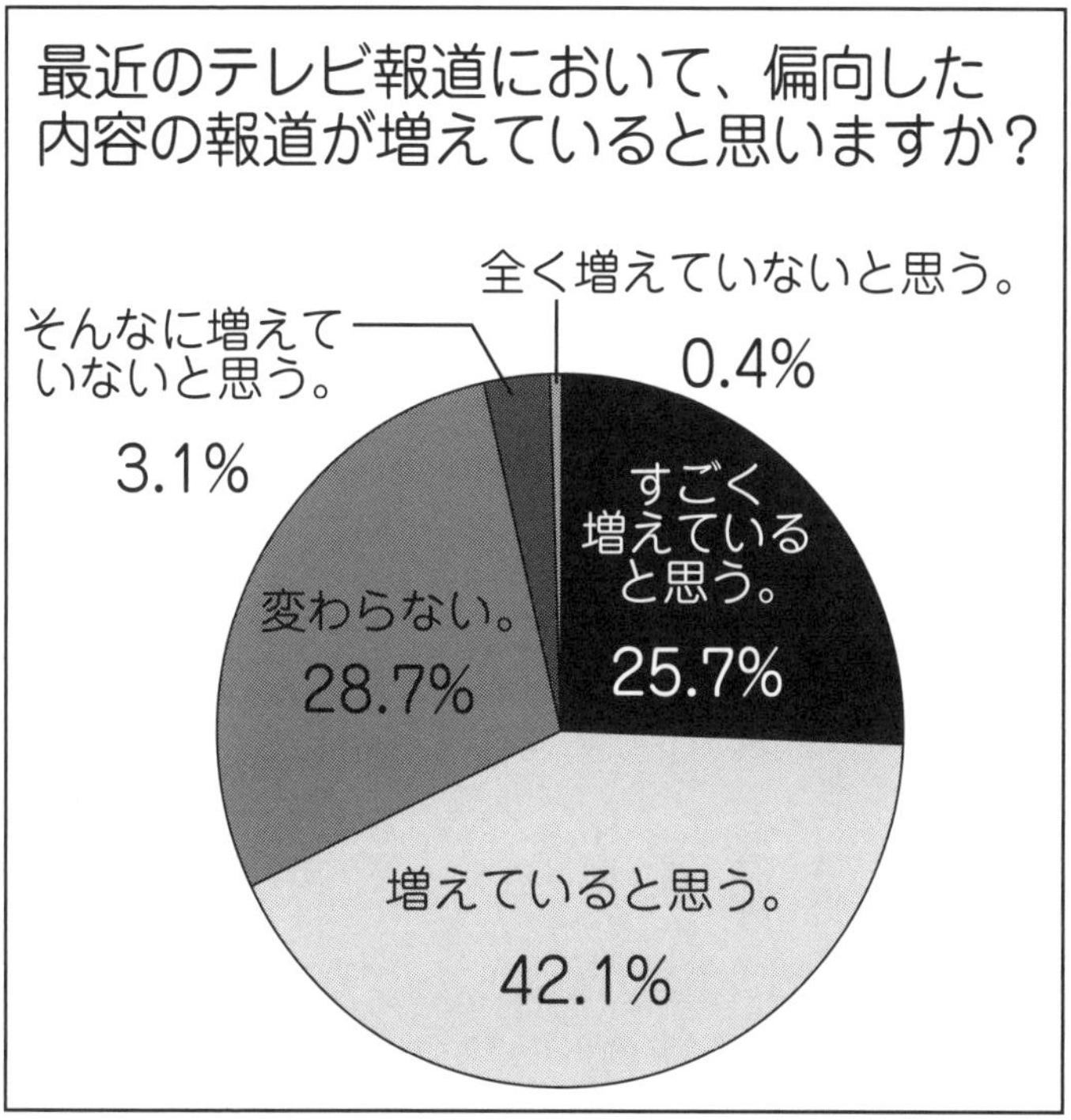

（出典：http://housouhou.com）

んいても不思議ではない。私もその一人だ。

ところがＮＨＫは、そんな一般視聴者の感情などお構いなしだ。２０１７年12月6日、ＮＨＫ受信契約をめぐる最高裁の判決が出た。ＮＨＫは「契約を（ＮＨＫが）申し込んだ時点で自動的に成立する」という主張で、高裁判決を不服として上告していた。ガスや電気などの公共サービスの場合、利用者が申し込めば事業者は契約を拒むことができない。ＮＨＫはこのロジックを逆さまにして、公共放送であるＮＨＫが利用者に契約締結を申し込んだら拒否できないという判決を勝ち取ろうとしたのだ。しかも、申し込み後、２週間で自動成立するという身勝手なロジックを掲げて。

今回の判決で、最高裁は独善極まりないＮＨＫの訴えを退けた。当然だ。今後、ＮＨＫは、契約を拒む人から受信料を徴収するには、個別に裁判を起こさなければならない。

現在、全世帯の約2割、約1千万世帯が、受信料の支払いをしていない。今回の最高裁判決に従うなら、今後、ＮＨＫはこれら未払い世帯すべてに対して訴訟を提起する必要があるのだ。

しかし最高裁は、ＮＨＫの訴えを棄却するとともに、ＮＨＫに対して支払い義務はないとして、今回の裁判でＮＨＫと争った一般視聴者の訴えも棄却した。

最高裁によれば、この一般視聴者とＮＨＫの間で受信契約は成立しており、テレビを設置した時点に遡《さかのぼ》って受信料支払い義務が生じているとのことだ。しかも時効についても、「裁判で契約の承諾を命じる判決が確定すれば（その時点から契約が）成立する」とし、成立を認めなかった。

痛み分けの判決と言えばそれまでだ。とはいえ、ＮＨＫが全国1千万世帯に対して訴訟を提起するのは物理的に不可能だろう。

しかしＮＨＫは、この判決の風評を利用することができる。すでに新聞をはじめとする他のマスコミは、「ＮＨＫが勝訴」と誤解させるようなヘッドラインを打ってミスリードしている。これらの記事を使って、ＮＨＫの集金人は「受信料の支払いは法律で義務化された」という誤解を広めることが可能だ。

ＮＨＫから国民を守る党代表で、葛飾区議会議員の立花孝志氏の動画によれば、判決が出る前からＮＨＫ集金人がこのようなデマを使って視聴者を騙し、テレビを持っていない世帯からも無理やり受信料を巻き上げていたとのことだ。支払い義務のない人から無理やり受信料を徴収することは詐欺である。これはこれで大問題だ。

NHKは儲けすぎている

しかし、問題の核心はそこではない。公共放送の集金人が詐欺行為を働くことよりも、ケタ違いに大きい問題が横たわっているのだ。何を隠そう、NHKは儲けすぎている。国民から巻き上げて貯め込んだ金額は、名だたるエレクトロニクスメーカーに匹敵する。これだけ金が有り余っているにもかかわらず、視聴者を騙してまで無理やり受信料を徴収しているのはなぜか？　まさにこれこそが、NHK問題の核心だ。

では、NHKはどれぐらい儲けているのか？　本稿では、平成29年度（2017）のNHK中間決算を繙《ひもと》くことで、まずはこの問題の大きさに焦点を当てていきたいと思う。

まず、冒頭から驚くべき数字について言及したい。平成29年度中間決算の貸借対照表《たいしゃくたいしょうひょう》から、資産と負債の金額を引用する（特に断りのない限り、連結決算の金額を引用）。

・資産　1兆2354億円
・負債　4014億円

1兆円以上の資産に対して、負債はその半分もない。資産から負債を引いたものが純資産だが、NHKは8340億円もの純資産を積み上げていることがわかる。この金額は、日本を代表するエレクトロニクスメーカーや自動車メーカーに匹敵する数値だ。次のグラフ1をご覧いただきたい。

NHKは、マツダやスバル（富士重工業）よりも多くの純資産を持っている。その金額は、富士通やパナソニックに比べても遜色《そんしょく》ない。はたして、公共放送にこれほどの純資産が必要であろうか？

もちろん、NHKが来《きた》るべき次世代の放送に向け、惜しみない投資をしているなら、それは一つの経営判断として尊重してもいい。しかし、資産の中身を見てみると、そんな姿勢は全く見えない。NHKはたしかに投資をしているが、それは単なる証券投資なのだ。グラフ2をご覧いただきたい。これは、NH

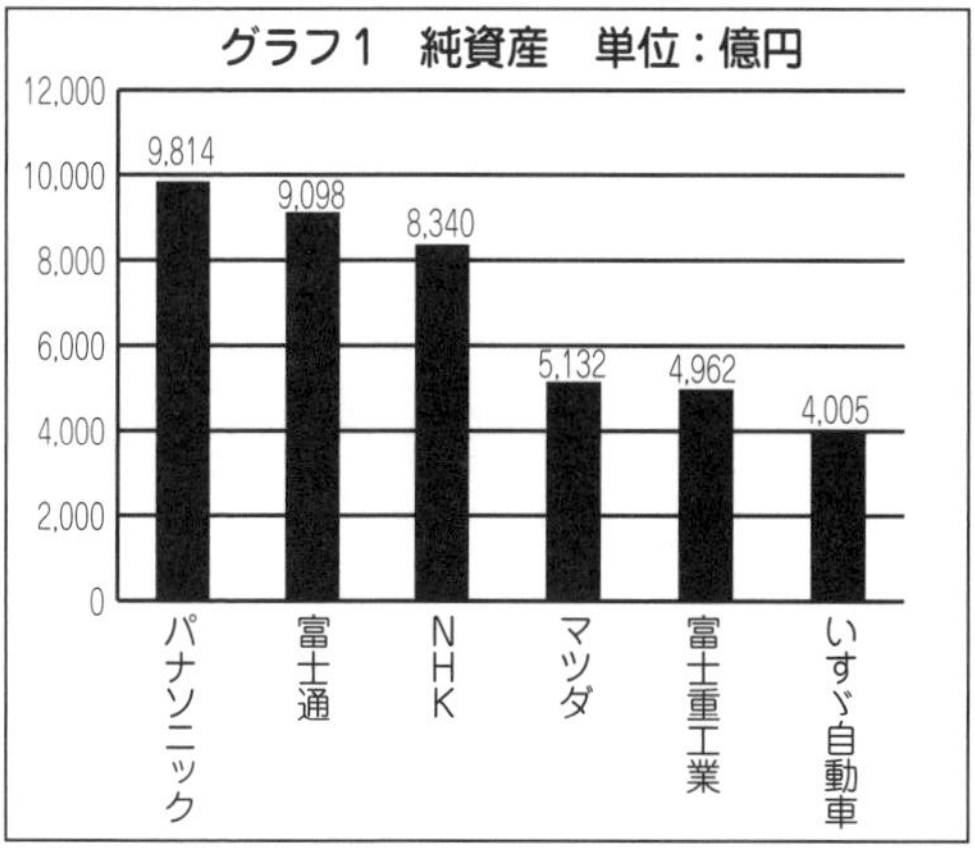

（データ出所：平成29年度NHK中間決算、以下同）

Kの単体決算の数値から作成したグラフである。

勘定科目の内訳から判断する限り、有価証券、長期保有証券、出資、特定資産が明らかに証券投資としてカウントできる。その合計金額は、総資産1兆1162億円（単体）のうち実に5221億円に達している。これは、割合にして総資産の約47％にあたる数字になる。言い方を換えれば、NHKの資産のうち約半分が、放送事業に使われていないということになるだろう。

しかも、その証券の中身が衝撃的だ。一見、証券を買っているように見えるが、実はその証券の大半が債券なのだ。財務諸表から、その詳細について抜き出して以下に記す。

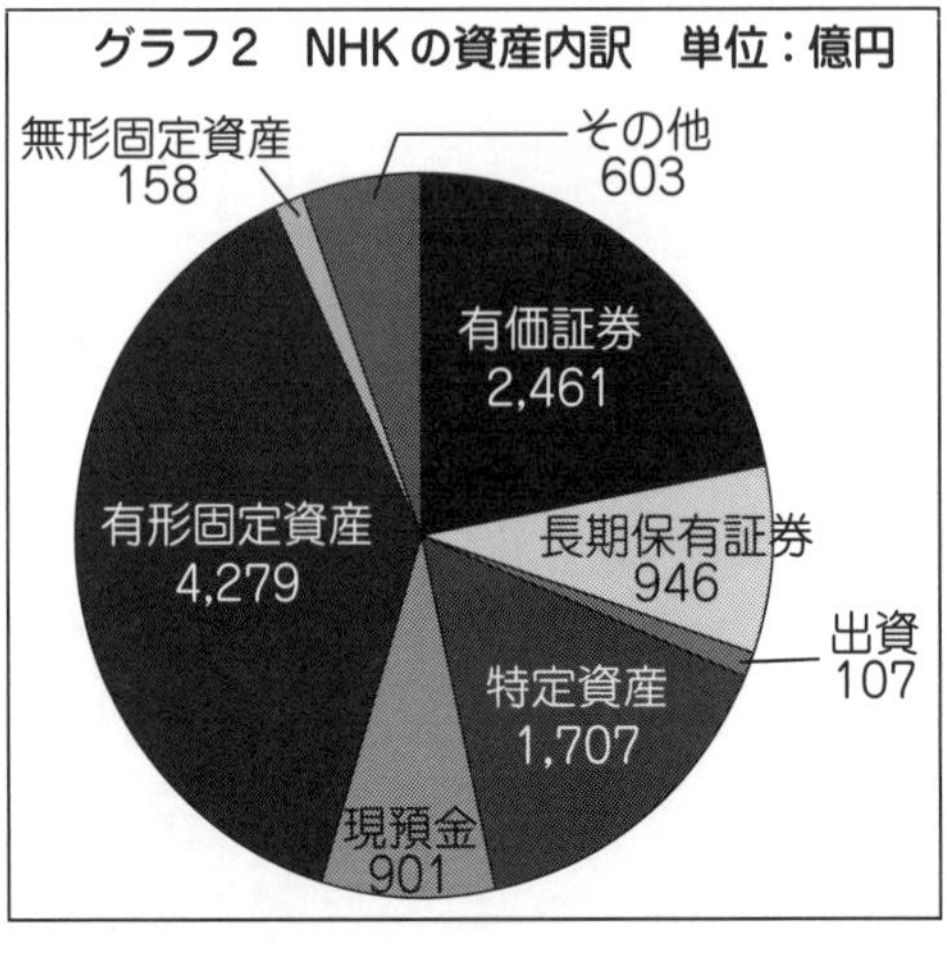

・有価証券　２４６１億円（うち、譲渡性預金１９００億円）
・長期保有証券　９４６億円（うち、非政府保証債１０５億円、地方債１０３億円、事業債５９１億円）
・出資　１０７億円（ＮＨＫエンタープライズなど身内への出資金）
・特定資産　１７０７億円（うち、非政府保証債７９４億円、事業債６４０億円）

「譲渡性預金」とは、単なる定期預金のことだ。もう一つ、「非政府保証債」という聞きなれない単語があるが、大和証券の証券用語解説によれば、「政府関係機関や特殊法人が発行する政府関係機関債のうち、元利払いに政府の保証が付かない債券のこと」である。「事業債」とは、主に電力会社が発行する債券を指す。

身内への出資１０７億円を除くと、資産の大半が定期預金と政府系の特殊法人および電力会社の債券で運用されている実態が見て取れる。これらは極めて信用格付けの高い債券であるが、当然その分、金利も安く、実質的には現金を保有しているのとあまり変わりがない。つまり、ＮＨＫは集めた金を事業に投資せずに証券で運用しているばかりか、その証券も、実質的にはほぼ現金に近い債券ばかりなのだ。

実のところ、ＮＨＫは集めた受信料を現金で貯め込んでいるに等しいのである。放送事業に使わないなら受信料を値下げするべきだし、いま積みあがっている巨額の「現金」は国民に返還するべきではないだろうか。

しかも、これはいまに始まったことではない。NHKは受信料という「鉄板」の売上から得られるキャッシュフローを放送事業で使い切れず、毎年大量の債券を購入して貯め込んでいる。その結果、2013年3月から2017年9月までの間に、純資産は1483億円も増加した（グラフ3）。一体、NHKは何がしたいのだろうか？

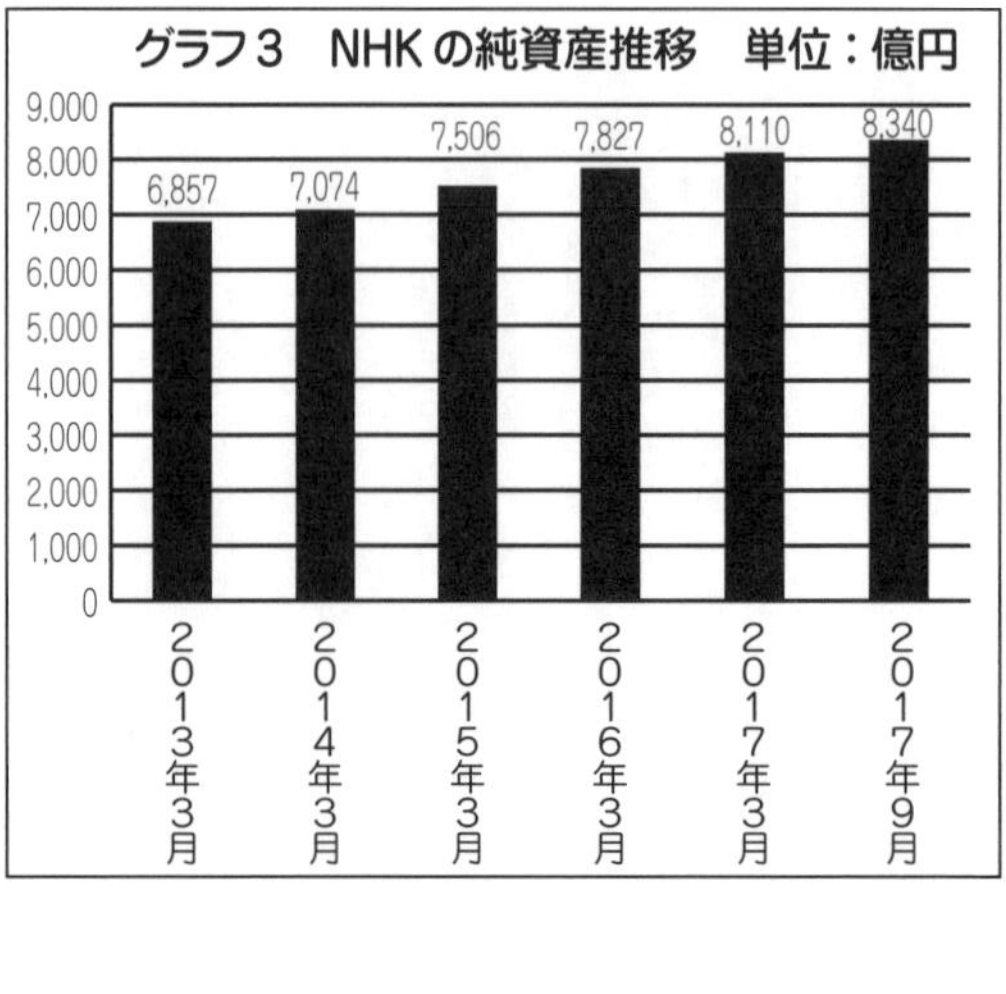

放送センター建設負担を現役世代に押し付ける

この間、流動資産に含まれる有価証券の保有残高は1170億円から2461億円に、特定資産の合計は583億円から1707億円に増加している。特定資産について、NHKは「将来の建設投資のために積み立てたもの」と説明するが、はたしてこの説明は妥当だろうか?

新しい放送センターを建設するには多額の資金が必要なことは理解できる。しかし、それを無借金で建てることが正しいとは限らない。

現在、渋谷にあるNHK放送センターは1963年に第一期工事が始まり、完成までに10年を要した。1973年から現在まで、約45年使用している。新しい放送センターは2020年に着工し、2036年の完成を目指しているそうだ。よって、少なくとも古い方の渋谷の放送センターは60年以上使うことになるだろう。

NHKが公共放送なら、放送センターは公共財産である。勘定科目でいえば、国民共有の有形固定資産と言えるだろう。この施設から発信される電波を日本人は60年以上にわたって受信することで、このセンターを「使用」するわけだ。

ところが、ここで大きな問題が発生する。新築する放送センターの建設費は、無借金で建てるなら2036年までに受信料を払った人の懐《ふところ》から出ている。しかし、新しい放送センターを利用するのは、2036年以降に生存している人たちだ。新放送センターも旧放送センターと同じく60年使用するとするなら、2096年まで使えることになる。建設費用を払った世代は、この年を迎える前に寿命を全《まっと》うする。逆に、費用を負担していない新世代は、事実上タダでこのセンターを利用できることになる。これは、長期間使用するインフラに特有の問題である。手持ちのお金で巨大なインフラを建設すれば、その費用負担は現役世代だけに押し付けられ、将来世代はタダ乗りとなってしまうのだ。

国が建設する巨大なインフラ（道路、空港、港湾施設など）においては、世代間の費用の応分負担の観点から建設国債が発行されている。現役世代から資金を借り入れ、将来世代がその返済をすることで負担を平準化するのだ。NHKは特殊法人であるが、公共放送を自称する限り、これと同じロジックが適用できる。

ところが、NHKはこれまで国民から無理やり徴収したボッタクリ受信料を使って、すべての負担を現役世代に押し付けようとしている。このやり方は完全なデタラメだ。借り入れを使わずに巨大な放送センターを建設するというやり方そのものが間違っているし、それが金を貯め込む理由にはなり得ない。

NHKは自らの間違いを認め、これまで取り過ぎた分は速やかに現役世代に返還すべきだろう。

そもそも、法律によって受信料収入を保証されているにもかかわらず、借り入れができないということはあり得ない。逆に、将来の受信料収入の範囲を超える巨額資金が必要というなら、放送センターの規模が大きすぎるということになる。直ちに過剰な建設計画を見直すべきだ。

しかし、問題はこれだけではない。百歩譲って、放送センターを無借金で新築するのを認めたとしても、流動資産に含まれる2461億円分の有価証券について、NHKは説明に窮《きゅう》するだろう。すでに述べたとおり、これらの大半は譲渡性預金（単なる定期預金）だ。これは文字どおり、お金を貯め込んでいるだけと批判されても反論できない代物《しろもの》である。

NHKは受信料による収入が法律によって保証されている。そのため、毎年発生する莫大なキャッシュフローがある。その具体的な金額を知るために、NHKのキャッシュフロー計算書を調べてみよう。平成29年度（2017）中間決算によれば、その数字は次の表のようになる（中間決算の数値のため、1年分の値は概《おお》ね2倍になる）。

「事業活動におけるキャッシュフロー」とは、受信料収入から放送事業に関する費用を差し引いた結果を表している。同中間決算によれば、経常利益は221億円となっているが、実際にNHKに半年間で流れ込んだ金はその約2倍の517億円だった。なぜこういうことが起こるのか？　その理由は、「減価償却費《げんかしょうきゃくひ》」にある。

同中間決算で計上されている「減価償却費361億円（年額で約720億円）」は、実際にNHKの財布から出ていく金額ではない。なぜなら、巨額の固定資産を取得した際に代金はすでに支払われているからだ。よって、

表

勘定科目	金額（億円）
事業活動によるキャッシュ・フロー	517
投資活動によるキャッシュ・フロー	-745
財務活動によるキャッシュ・フロー	-15

ＮＨＫのように巨額の減価償却対象資産を持つ企業の場合、実際のキャッシュの流れと帳簿上の利益との間には大きな乖離《かいり》が生じることになる。

ＮＨＫには実際のところ、半期で５１７億円、年間で約１千億円を超える巨額資金が流入しているのだ。そして、この資金は投資活動に使われている。キャッシュフロー計算書に、「投資活動によるキャッシュフロー」がマイナス７４５億円となっているのがその証拠だ（証券を買った分だけキャッシュがマイナスになることを表している）。

ちなみに、事業、投資、財務の３つのキャッシュフローを合計するとマイナス２４３億円になっているが、これと同額の現預金が減少

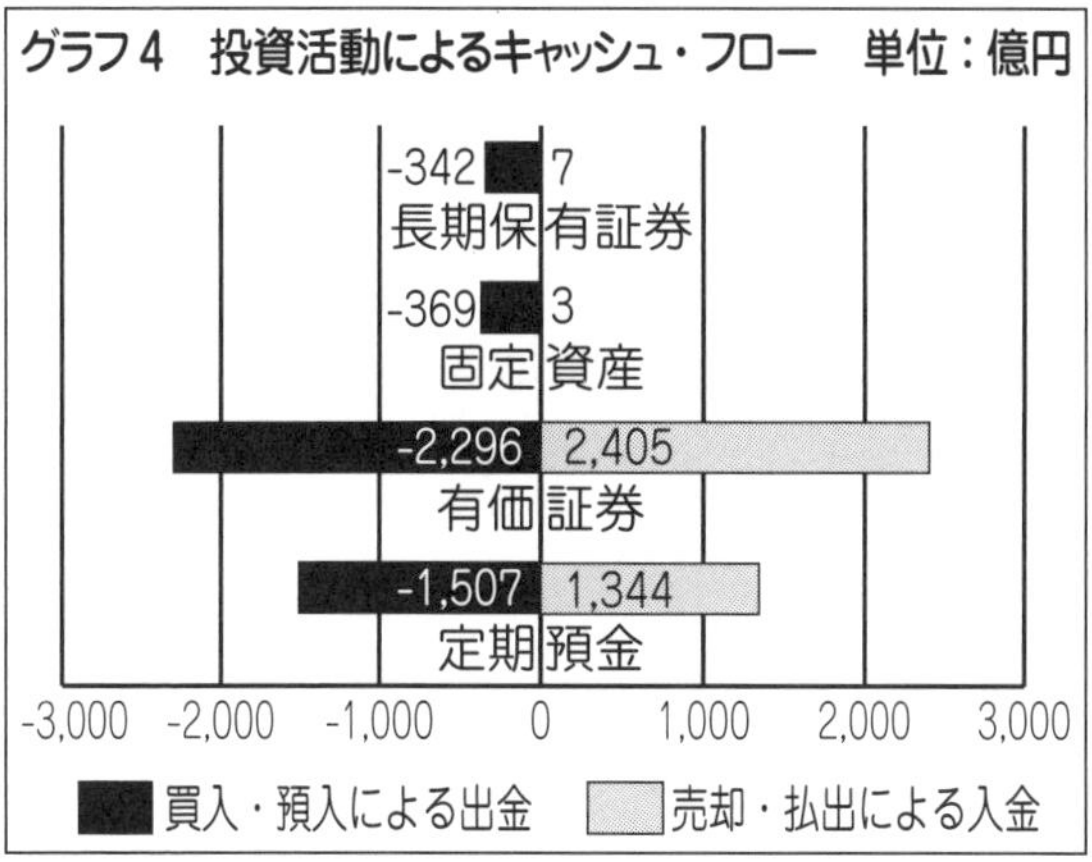

することで帳簿はバランスしている。要するに、前期では使い切れずに現預金の形で保管していたお金を、期を跨《また》いで証券購入に使ったということだ。この状況を分かりやすくグラフにしてみた（グラフ4）。

「投資活動によるキャッシュフロー」とは証券の金利収入や償還金によって得たお金から、新たに証券購入のために払ったお金を引いたものである。勘定科目別にみると、有価証券では約1００億円の収入があったが、長期保有証券、固定資産、定期預金では、新規取得にかかった費用が収入額を大きく上回っていることが分かる。固定資産のすべてが放送事業に必要なものだったとしても、購入額は369億円、売却額は3億円で差し引き366億円だ。「投資活動によるキャッシュフロー」の総額は745億円なので、全体の半分にも満たない。差し引き、379億円もの巨額資金は使われずに積みあがっているだけだ。しかも、これは中間決算なので、年換算すると約750億円になる。

この巨額な現金をそのまま放置すればさすがに目立つので、NHKは限りなく現金に近い債券を購入してカムフラージュしたのだろうか。これはある種のマネーロンダリングであり、国民を欺《あざむ》く極めて愚かな試みと言わざるを得ない。

国民に受信料を返還せよ

そして、最後にどうしても触れざるを得ないのが、NHK職員の年収だ。平成29年度中間決算（単体）に書かれている職員の給与総額は、559億2469万8千円だ。単純にこの数字を公式HPにある職員数1万303人で割ると、1人あたり542万9千円になる。中間決算なのでこれを6か月分とすると、年収は1085万8千円になる。

平成28年度民間給与実態統計調査によると、日本の平均年収は422万円（男：521万円、女：280万円）である。NHKはこれの約2・5倍。極めて恵まれた待遇であることがわかる。

しかし、これはあくまでも全体の平均値であり、政治評論家の加藤清隆氏によれば、局長級では年収2千万円、理事になると年収3千万円ぐらいになるとのことだ。

また、NHKの公式サイトによれば、「大卒、勤続35年以上、60歳定年退職時の一般的な退職手当は2019万円です」とのことだ。一般庶民の2・5倍の給料をもらいつつ、退職金も上場企業並み。NHKで働くことは、極めて恵まれていることは間違いない。しかし、問題はここまで厚待遇で職員を雇っても、毎年お金が余り過ぎて巨額の資金が債券購入に回っているということだ。

さて、ここまで見てきたことの結論を申し上げることにしたい。それは、NHKの金満体質を象徴する4つの数字に象徴されている。

- 8340億円の純資産。
- 年間約1千億円の営業キャッシュフロー。
- 余ったお金で年間約750億円の証券買い増し。
- 平均年収は一般庶民の約2・5倍、1086万円。

どこからどう見ても、NHKは国民に受信料を返還すべきだ。しかし、彼らがそれに応じることはないだろう。なぜなら、官僚組織は肥大化するからだ。

それは、まるで停止ボタンのない巨大なマシーンのようなものだ。一度そのマシーンを動かせば、簡単に止めることはできない。いや、止められないどころか、マシーンを破壊しない限り、動きは加速していくと考えたほうがいいだろう。

たとえば、近年の財務省の暴走は目に余るものがある。アベノミクスから6年、すでに財政の健全化などとっくに達成しているのに、いまだ財務省は財政危機を煽り、隙《すき》あらば増税のチャンスをうかがっている。彼らが財政危機を喧伝し始めたのは、1997年の橋本内閣の頃だ。一度言い出したことは二度と引っ込めない。まさに、肥大化した官僚組織がコントロールを失った典型例だ。

そして、NHKもその例外ではない。特殊法人とはいっても、ある種の官僚機構である。受信料を取るのは法律に書いてあるからであり、お金が余っているとか使い道に困っているとか、そんなことは関係ないのだ。法律で決まっているからやる。彼らにそれ以上の理由はない。官僚機構とは、プログラムに書かれたとおりに動くマシーンなのだから。

もちろん、容赦ない受信料徴収マシーンであっても、NHKがその有り余る資金を使って日本の立場を世界に堂々と発信しているならまだ我慢もできよう。ところが、尖閣問題に関して、支那共産党の主張を一方的に伝えるCCTVの番組を何のキャプションも入れずに垂れ流したり、歴史番組ではありもしない「日台戦争」なるものをデッチ上げ、台湾人と日本人の友好関係に楔《くさび》を打ち込んだりしている。

NHKは偏向報道が横行する民放に対して、公正中立を保つ公共放送として頑張っているだろうか？　残念ながら、その放送内容は民放に負けず劣らず、酷《ひど》く偏向したものだ。モリカケ問題など完全なフェイクニュースであるにもかかわらず、何の検証もせずに「悪魔の証明」を求めるかのような酷い内容であった。

公共放送の名に値しない偏向報道と歴史歪曲。一体、どの国の放送局なのか疑いたくもなる。やはり、金余り経営を擁護する必要は一切なさそうだ。

ＮＨＫは分割民営化すべき

では、ＮＨＫをどうすればいいのだろうか？　答えは簡単だ。国鉄と同じように、分割民営化してしまえばいい。元財務官僚の高橋洋一氏は次のように述べている。


ずばりいえば、ＮＨＫを「公共放送ＮＨＫ」と「民間放送ＮＨＫ」に分割するのが、理論的にも一番スッキリする。これなら、肥大化したＮＨＫのスリム化にもなるし、公共放送ＮＨＫは受信料制度によって社会的使命を果たすことができ、「偏向」と批判されるようなものは民間放送ＮＨＫで放送し、民間放送と競争すればいい。

しかも、このようにＮＨＫを民間と公共部門に分割すれば、いまの受信料も公共放送を維持するだけのためのものになるので、いまより低くなるだろう。（「受信料を払いたくない人も納得の『大胆なNHK分割案』を示そう」http://gendai.ismedia.jp/articles/-/53787)

私も、この案に全面的に賛成する。高橋氏によると、電波オークションの実施に合わせてこの分割民営化を実施すべきとのことだ。現在、地上波の電波帯域は、テレビ局によって極めて安い値段で独占されている。国民共有の財産である電波帯域は、本来、オークションによって相当の対価を得て企業に使用させるべきだ。既存のテレビ局は、いわば電波にただ乗りする形で利益を上げているのだ。

NHKを分割民営化した際、「民間放送NHK」になる会社は、相応の対価を支払ってこの帯域を競り落とさなければならない。代金は国庫に収納され、財政政策として国民に還元される。国民から余計に取り上げたお金は国民に返す。当たり前のことだ。

また、「公共放送NHK」のほうはニュースや災害情報などをメインコンテンツとするため、大した設備や制作費もかからなくなるだろう。そうなれば受信料を大幅に値下げできるし、イギリスのように法律で納入を義務化してもいいだろう。

高橋氏によれば、NHKの分割案は2005年に検討されたが、当時の自民党守旧派に潰されてしまったとのことだ。しかし、いまは2005年とは状況が大きく異なる。本章冒頭に紹介したアンケートにあるとおり、多くの国民がテレビの偏向報道に気付き、悪い印象を持っている。同アンケートによれば、偏向報道番組のスポンサー企業が提供する商品を「絶対買いたくない」と思う人は14・9％、「買いたくない」と思う人は32・6％で、合計で約半数の人が購入を手控えると回答している。

だとしたら、ＮＨＫに対して受信料を払いたくないと思う人が多くて当然だ。まさに、国民のテレビに対する信頼がガタ落ちになっていることを示す結果ではないか。

規制改革推進会議第2次答申によれば、平成30年度中に電波帯域の利用に関して「価格競争の要素を含む新方式」を導入するための法案が提出されるとのことである。これはチャンスだ。

ＮＨＫは受信料徴収マシーンと化した。と同時に、受信料貯め込みマシーンとも化している。残念ながら、マシーン自身に自分を停止するボタンを押すことはできない。そのボタンを押すのは間接的には国民だが、実際にやるのは政治家の仕事だ。だからこそ、我々国民は政治に力を与えなければならない。そして政治の力をもって、ＮＨＫの分割民営化を進めなければならないのだ。ＮＨＫが国民から巻き上げた不当利得を返還させる方法はそれしかない。

第6章

医療・病院

「医療費激増」の真犯人

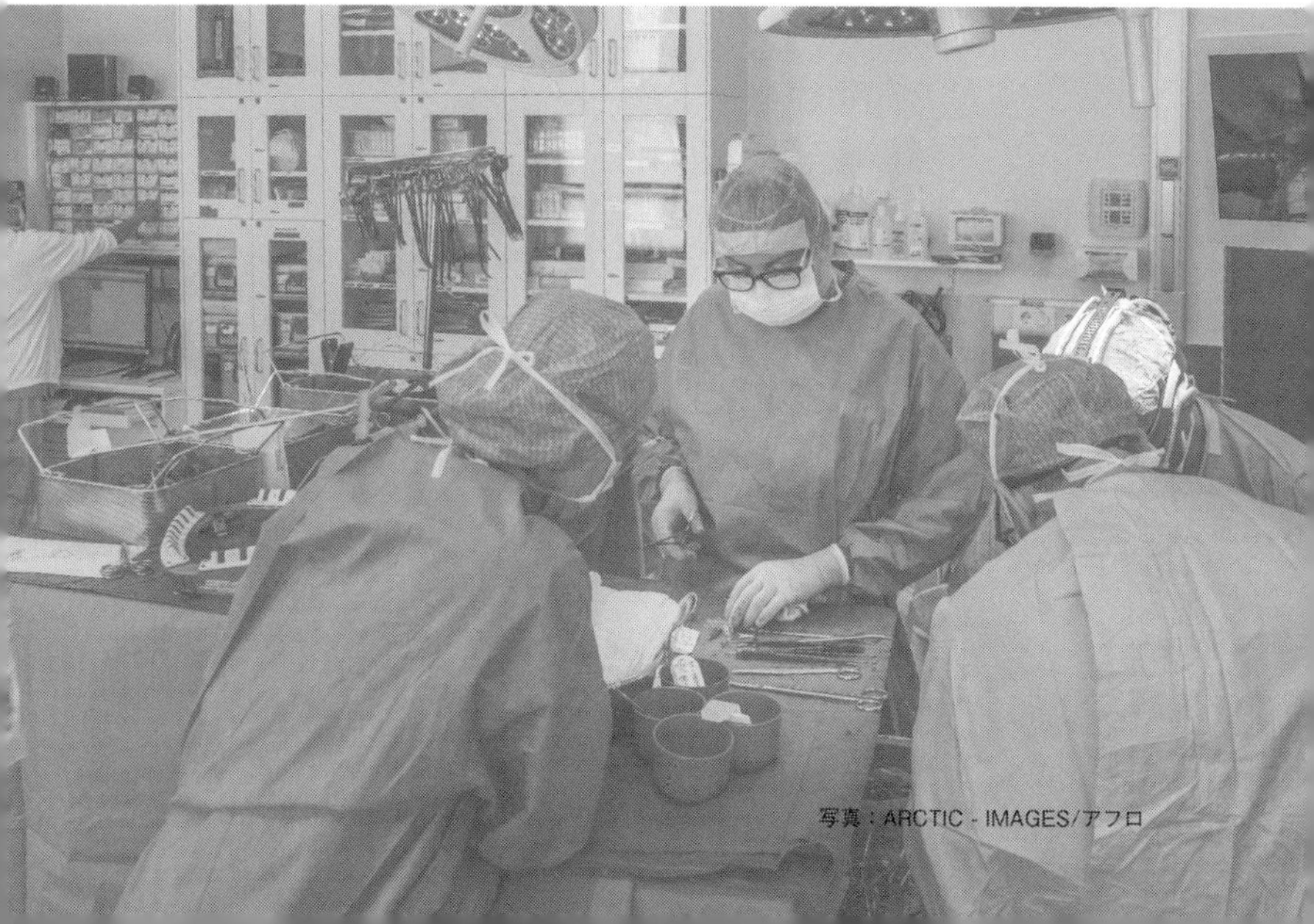

写真：ARCTIC - IMAGES/アフロ

過剰な検査と多すぎる薬の処方

花粉症のシーズンになると、耳鼻科に長蛇の列ができる。風邪で診察を受けると抗生物質（抗菌薬）を処方される。入院するとやたらと検査を受けさせられる。

こうした私たちが当たり前だと思っていることは、実は岩盤規制のなせる業《わざ》だ。医療の分野には通常の市場メカニズムが働かない。もちろん、働きすぎても困るのだが、むしろ今は厚生労働省の過剰な介入で働かなさすぎて、市場が歪《ゆが》んでいる。

歪んだ市場のなかで利益を追求する医療機関。結果として増えるベッドと検査と薬。「高齢化で医療費が増大するから増税を！」とマスコミは喧伝《けんでん》するが、的外れだ。岩盤規制を放置して医療制度を金食い虫のままにしておけば、いくらお金をつぎ込んでも無駄である。

経済成長で財政状態が多少改善したとしても、医療費が天文学的に増大すれば、結局、財政状態は悪化すると考える人は多い。確かに、医療費の増大は問題だ。しかし、実はこの問題は、自然現象や天災とは様相が異なる。なぜなら、高齢化社会が到来したからといって医療費が必ずしも激増するわけではないからだ。

都道府県10万人あたり病床数と1人あたりの医療費の相関関係

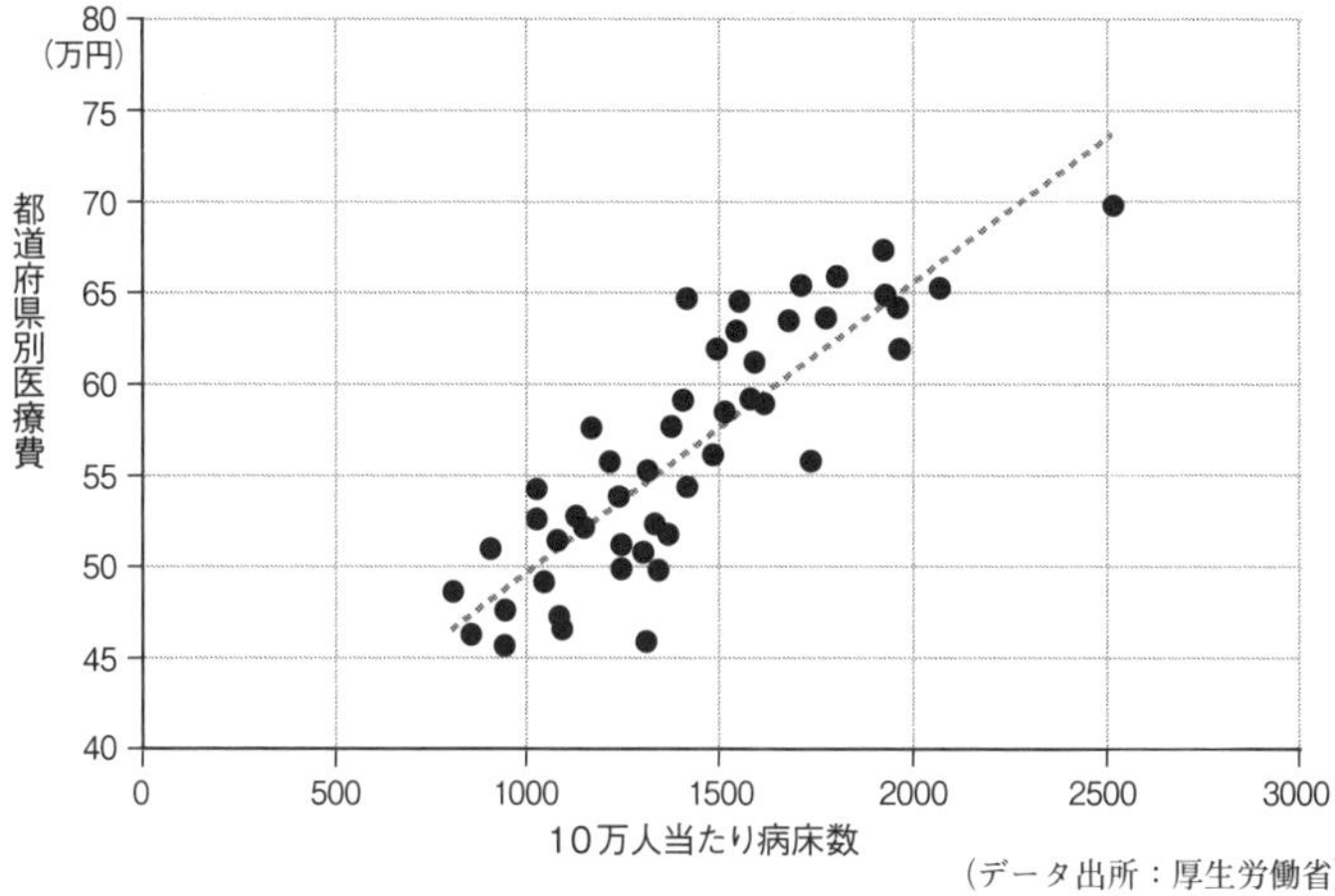

（データ出所：厚生労働省）

ここに興味深いグラフがある。上は平成27年度（2015）の厚生労働省のデータを元に、都道府県の病床数（10万人あたり）と、一人あたりかかった医療費の相関を示したものだ。あえて言おう、ここに日本の医療費増加の問題の本質が隠されている。

不思議なことに、病床数が多い都道府県ほど医療費が増大している。試しに相関係数を求めてみたが、なんと0・85もあった。通常、相関係数が0・7以上あれば強い相関があると言われる。病院はベッドの数が増えた分だけ、病人を作ってしまうのだろうか。そう疑われても仕方ないぐらいの値だ。

実は、この奇妙な相関関係について、厚生労働省もかなり昔から公式に認めている。

2001年3月5日に発表された『医療制度改革の課題と視点』という報道発表資料に、次のような記述がある。

「人口10万人対病床数と1人当たり入院医療費の関係をみると、病床数の多い県は入院医療費が高く、逆に病床数の少ない県は入院医療費が低いという傾向がみられ、病床数と入院医療費にはかなり強い相関関係があると言えます」

やはり、病院が病人を作っているのかもしれない。ますます疑惑が深まった。いや、実は疑惑でも何でもなく、「病床数と医療費の相関」は多くの医療関係者の間ではとっくに常識になっていたのだ。ハーバード大学研究員の津川友介《ゆうすけ》氏が、日経新聞に寄稿した論説の中で次のように解説している。

医療経済学で最も基本的な数式は「医療費＝P×Q」だ。Pは医療サービスの単価、Qは消費される医療サービスの量を意味する。

米国はPが高いため患者は必要以上の医療サービスを希望しない。欧州の多くの国では、高額医療機器の数が限られていたり、専門医にかかるためにかかりつけ医の紹介が必要だったりすることで、Qをコントロールしている。一方、日本はPが安いだけでな

く、フリーアクセスで、Qを直接コントロールする手段を導入していない珍しい国だ。（中略）

日本では経済協力開発機構（ＯＥＣＤ）平均と比べて国民1人あたりの外来受診回数が約2倍、平均在院日数が約2倍、入院ベッド数が約3倍もある。またコンピューター断層撮影装置（ＣＴ）と磁気共鳴画像装置（ＭＲＩ）の台数が世界で最も多い。人口あたりの薬代をみても米国の次に多く、ＯＥＣＤ平均と比べても5割近く多い。

問題は支払制度に起因すると考えられる。日本の外来診療は出来高払いで、入院診療でも約１７００の診断群分類別包括払い（ＤＰＣ）対象病院を除くと出来高払いが用いられる。出来高払いの下ではQを高くするほど医療機関の収入は増える。つまり診療報酬制度による医療サービスの単価引き下げと出来高払い制度が組み合わさり、「薄利多売」で収支を合わせるという日本の医療機関の現在の状況が形成されたと考えられる。

（『日本経済新聞』２０１7年5月12日「医療費抑制に新たな視点（下）科学的根拠に基づく改革を　出来高払いでの管理限界」津川友介・ハーバード大学研究員 https://www.nikkei.com/article/DGKKZO16236170R10C17A5KE8000/）

引用文中にもある通り、医療費は医療サービスの単価と、提供されるサービスの量の掛け算で決定される。もう一度その式を確認しておこう。

医療費＝Ｐ（医療サービスの単価）×Ｑ（消費される医療サービスの量）

日本の場合、Ｐ（医療サービスの単価）は診療報酬制度で価格が固定されている。よって、医療費の増大の原因となっているのは、Ｑ（消費される医療サービスの量）である。

① 病院に通う人が増えるから医療費が増える。
② たくさん検査をするから医療費が増える。
③ 入院日数が増えるから医療費が増える。

これがこの公式から導き出される客観的な事実だ。

人口1000人あたり病床数の国際比較

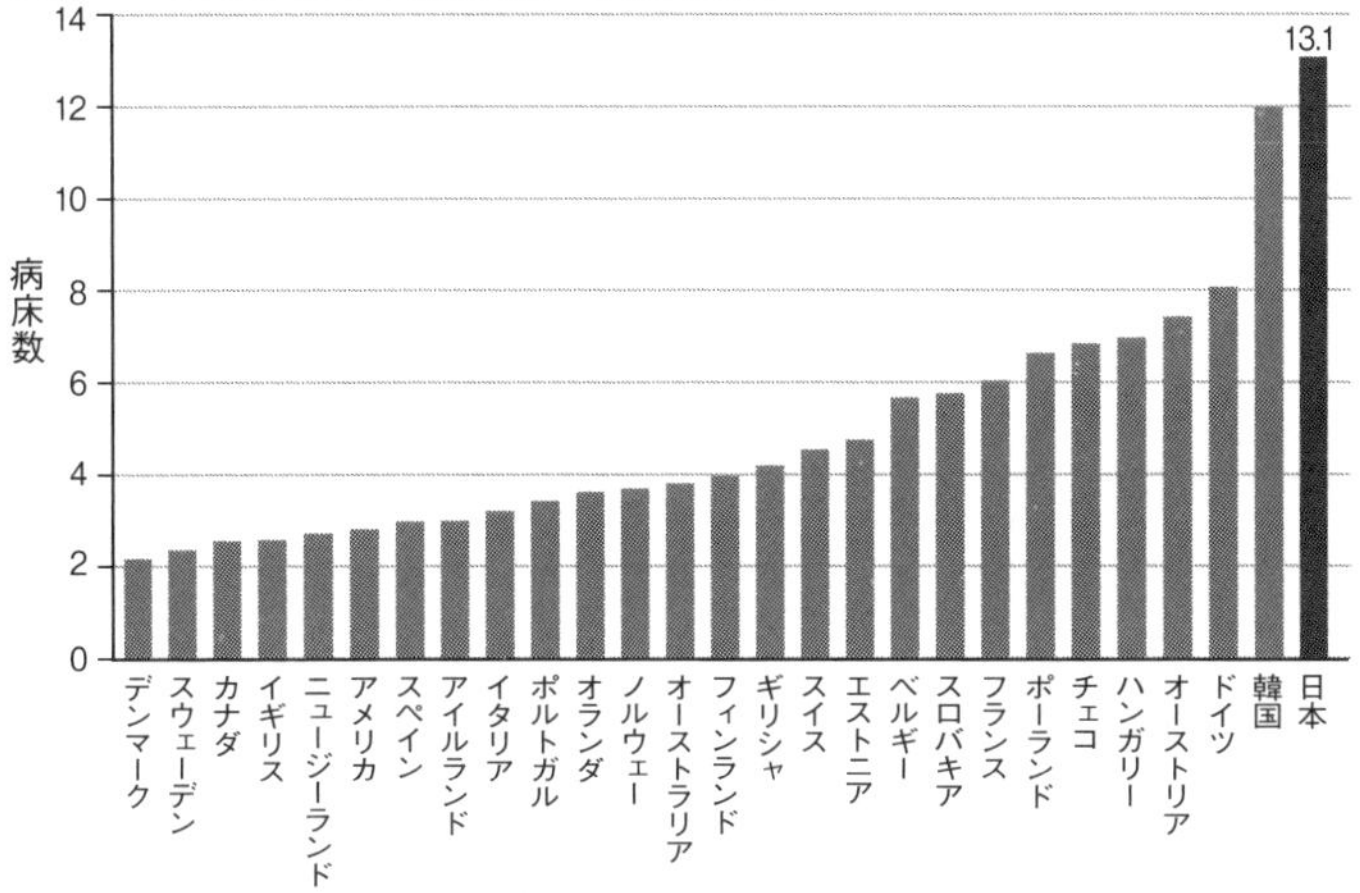

（データ出所：OECDヘルスデータ https://data.oecd.org/）

日本の医療制度は出来高払い

念のため他のデータでも補強しておこう。上のグラフは人口１０００人あたりの病床数の国際比較データ（２０１６年）である。ＯＥＣＤ加盟国の平均値は４・９床であるのに対して、日本は13・１床もある。一見して分かる通り、日本の病床数はＯＥＣＤ平均の約２・５倍、断トツの１位だ。

また、２０１４年時点で人口１００万人あたりの磁気共鳴画像装置（ＭＲＩ）設置台数はＯＥＣＤ加盟国平均15台であるのに対して、日本はその３倍以上の51台だった。同年のＣＴの人口１００万人あたりの台数はＯＥＣＤ

平均で26台だが、日本は107台だった。こちらは実に平均の4倍である。（データ出所はいずれもOECD）

確かに、国民一人あたり十分なベッド数が確保されていること、最先端の医療機器へのアクセスが容易であることは悪くはない。しかし、病床数やこの状況を単純に「日本の医療の質が高い」と結論づけていいのだろうか？　仮にそうだとしても、現在の「質の高い医療」を続けるのであれば、そこに横たわる問題を避けて通ることはできない。

これまで見てきた各種データから、日本の医療制度、特に診療報酬制度は間違ったインセンティブ設計になっていることが分かる。出来高払いという制度によって、病院は利益を出すために「薄利多売」を強いられる。

医療サービスの消費量を増やせば増やすほど医療機関の収入は増える。つまり、一人の患者に対してなるべく多くの検査、投薬、処置を行えば行うほど、利益が増す仕組みになっている。ベッドはそれを支えるインフラである。なぜなら患者が入院してしまえば、次から次へとたくさんの医療サービスを投入できるからだ。

制度設計がそうなっている以上、病院経営者がその制度を前提として利益を追求するのはむしろ当然のことだ。現場の医師の個人的なモラルでこの状況を変えられるはずもない。

むしろ、現場の医師や看護師の献身的な仕事によって、日本の医療制度はギリギリのところで支えられていると言っていいだろう。

この構造を放置したまま、医療に今以上の多額の税金を使ったところで状況は変わらない。薄利多売のビジネスモデルが変わらない限り、現場の医師、看護師の負担は減ることはないからだ。

ところが、マスコミは医療費増大の原因は高齢化であり、人口減少で若者が減るので大変だと煽《あお》っている。必ずしも間違いではないが、的外れだ。結局、それは社会保障予算をたくさん確保したい厚生労働省、大盤振る舞い大好きな財務省に忖度したある種のフェイクニュースである。特に、財務省は医療費増大を口実に増税したいだけのようにも見える。そんな財務省から情報リークでネタを取っているマスコミは、「ご説明」をコピー＆ペーストして記事にしているだけなのだろう。

健康保険などの社会保険の自己負担額は、税金と同じ性質のものだ。社会保険料率が改定になるたびに給与明細の手取り額が微妙に減って、愕然としたことはないだろうか。もちろん、支払った保険料が質の高い医療に使われているならまだ我慢もできる。しかし、出来高払いという間違ったインセンティブ設計のために、我々が無用の出費を強いられているとしたら、納得いかないだろう。

その治療、「科学的根拠に基づく医療」ですか？

医療費の増大という問題を解決するために、本来我々が取り組むべきは「薄利多売」化する出来高払いという制度の見直しであり、多すぎる病床数の削減であり、急性期の医療から「ささえる医療」へのシフトチェンジである。この点については後述する。その前に、大前提として日本はもっと徹底した「エビデンス（科学的根拠）に基づく医療」（EBM:Evidence-based medicine）を実施すべきだ。治療の有効性を科学的に検証し、効果のない治療はやめてしまえばいい。それだけで相当な無駄が省けるはずだ。

現在、「エビデンスに基づく医療」は必ずしも実施されていない。とはいっても、医師がいい加減な診断・治療をしているわけではない。今でも、診断、治療は何らかの証拠に基づいて行われている。問題はその「何らかの証拠」の中身だ。多くの医師にとっての「何らかの証拠」とは、これまでの経験や指導者や同僚からの情報、偶然読んだ学術論文、たまたま出席した会議や会合などで聞いた話が漠然と組み合わさったものではないだろうか？　これではＥＢＭにはならない。

医師が個人的な経験などによらずとも、最も効果的な治療法に瞬時にたどり着く適切な戦略が常に選択されなければならない。このようなアプローチこそが「エビデンスに基づく医療」（ＥＢＭ）である。

例えば、私は昨年風邪をひいて医者にかかったが、その際抗生物質（いわゆる抗菌薬）や漢方薬も含めて計５種類の薬を処方された。確かに風邪は治ったが、この薬が効いたのかどうかは分からない。そもそも、風邪を治す薬は未だに発明されてないはずだ。大体、ウイルスに対して、抗菌薬が効くわけがない。


抗生物質などの抗菌薬はウイルス性の風邪には効かないにもかかわらず、約６割の診療所は患者から強く求められると処方していることが、わかった。日本化学療法学会と日本感染症学会の合同調査委員会が１日、岡山市で開かれている学術集会で発表した。抗菌薬を誤って多用すると薬が効かなくなる耐性菌が増えることから、国は適正処方を求めている。

今年２月、無作為に選んだ全国１４９０カ所の診療所に郵送でアンケートをして、

269カ所から有効回答を得た。ウイルス性の普通の風邪「感冒」と診断した患者やその家族が抗菌薬を希望した場合、「希望通り処方する」が12・7%、「説明しても納得しなければ処方する」が50・4%で、計約6割を占めた。(『朝日新聞』2018年6月2日 https://www.asahi.com/articles/ASL5T6VM5L5TULBJ01H.html)

私だけが例外ではなく、なんと過半数を超える約6割の診療所で、風邪に抗菌薬を処方していた。EBMの観点からは、全くもって無駄な投薬だったと言えるのではないか？

他にも、乳がんの早期発見のために行われる胸部マンモグラフィ検査の有効性にも疑問が指摘されている。現在、日本の自治体では女性が一定の年齢以上になると、この検査を受けるよう勧める手紙が届く。税金で負担し、タダで受けられるケースも多い。しかし、本当にこの検査を受けることで、乳がんで死ぬ人は減らせるのか？　実はこの点もエビデンスは希薄だ。2013年に公表されたコクラン・レビューによれば、マンモグラフィが、がんによる死亡率や総死亡率を低下させる根拠は見つからなかった。

適切なランダム化を行った3研究のメタ解析の結果、マンモグラフィを行った群と行わなかった群で、10年後のがんによる死亡率において統計学的に有意な差がなかった。（中略）総死亡率（あらゆる原因による死亡）については、適切なランダム化を行った3研究のメタ解析では、7年後および13年後のいずれにおいても、2つの群の間で有意な差がなかった。（中略）

以上のとおりコクラン・レビューは、マンモグラフィを使った乳がんの検診の有効性に疑問を投げかける結果となっている。加えて、このレビューでは、マンモグラフィの弊害《へいがい》について言及している。1つ目の弊害として、マンモグラフィの受診者の中には偽陽性の結果が出る人がでて、何年にもわたって心理的な苦痛を経験することが挙げられている。

2つ目の弊害として、マンモグラフィによって乳がんの過剰診断が行われることが指摘されている。それによると、マンモグラフィで発見された乳がんの中には成長が遅かったり自然に退縮したりするものも含まれており、こうした治療の必要性の乏しい乳がんまでもが治療されるとされる。ただし、現状では、マンモグラフィで発見されたがんが本当に治療の必要なものかどうかを見極めることはできないと指摘されている。（関沢洋一「エビデンスに基づく医療（ＥＢＭ）探訪」https://www.rieti.go.jp/users/sekizawayoichi/serial/001.html)

「偽陽性の結果」とは、本当はがんでないのに「がんの疑いがある」という間違った診断が出てしまうことだ。いわゆる検査ミスといっていい。しかし、問題は「偽陽性」の判定を受けた患者だ。そのために精密検査を受けたり、長期間にわたって経過観察をしたりしなければばならない。その精神的苦痛たるや半端ではないだろう。不必要な死の恐怖を与えることが果たして医療なのだろうか？

がんの過剰検診問題は、原発事故のあった福島県で深刻である。甲状腺がんは多くの人が気づかずに天寿を全うしてしまうぐらい進行の遅いがんだ。大抵の人は、甲状腺がんにかかっている自覚がないまま、普通に生活している。なので、ほとんどの日本人は死ぬまでに一度も甲状腺がんの検査を受けることはない。

ところが、福島では活動家が「福島の放射能はヤバい！」とデマを喧伝し、恐怖に駆られた人々が甲状腺がんの過剰検診を受けている。もちろん、その検診を行うのは活動家たちが運営する診療所だ。患者に寄り添うふりをして、たくさんの甲状腺がんを作り出しているのだ。東京大学医科学研究所研究員で、震災後は福島県南相馬市立総合病院で非常勤医を務め、県民の内部被ばく検査を続けている坪倉正治医師が、国際機関のデータを引用しつつ、過剰検診問題を次のように批判している。

国連科学委員会（ＵＮＳＣＥＡＲ）の２００８年の報告書によると、チェルノブイリ原発事故で避難した人々の平均甲状腺線量は、ベラルーシで平均１０７７ｍＧｙ（ミリグレイ）、ロシアで４４０ｍＧｙ、ウクライナで３３３ｍＧｙだった。これに対しＵＮＳＣＥＡＲの２０１３年の報告書では、福島の原発事故では飯舘村など福島県内で最も高いグループでも、平均甲状腺吸収線量は20歳で16〜35ｍＧｙ、10歳で27〜58ｍＧｙ、1歳で47〜83ｍＧｙと推計されている。

「つまり、チェルノブイリと比べ、被ばく量がケタ違いに低いのが福島の原発事故です。チェルノブイリ原発事故で判明している被ばく量と甲状腺がんのリスク上昇との相関関係を福島に当てはめると、福島の場合は被ばくの影響は目に見えて分かるレベルに到達するとは考えづらいです」（https://thepage.jp/detail/20160120-00000003-wordleaf）

日本では未だに菜食主義が体にいいとか、水素水が効くとか、ブルーベリーを食べると視力がアップするとか思い込んでいる人が多い。以前、東京都の小池知事は豊洲問題について安全だが安心ではないなどと意味の分からないことを言っていたこともある。根拠のない医療行為は効果がないばかりか、徒《いたずら》に患者に不安を与える。わざわざお金を使ってなぜこんな無意味なことをしなければならないのか？　多少改善されつつあるとはいえ、いまだ日本の医療制度に本格的なＥＢＭが組み込まれているとは言い難い状況だ。冒頭に引用した津川氏は次のように述べている。

欧米では政策の制度設計はエビデンス（科学的根拠）に基づくべきだとの考え方が浸透している。政策立案の段階で十分なエビデンスが存在しない場合には、経済学の理論に基づき綿密に制度を設計して、導入後に実際のデータを用いた政策評価をする。そしてエビデンスを集め、それを基に制度に変更を加えていくのが一般的だ。米国の医療保険制度改革法（オバマケア）でもこうしたプロセスが用いられた。この点が日本と大きく異なる。（中略）

米国での研究では医療費の２〜３割は無駄と推定され、日本の医療でも無駄は存在すると考えられる。これは、医療の質を犠牲にせず医療費を抑制できることを示唆する。（中略）日本でもエビデンスに基づかない医療サービスは保険適用対象から外すべきだ。エビデンスのない医療サービスは医療費の無駄だけでなく副作用などのデメリットもある。具体例としては、風邪に対する抗生剤や風邪予防のためのうがい液などが挙げられる。

総合感冒薬、湿布薬、抗アレルギー薬など安価な薬も保険適用対象から外し、処方箋なしに薬局で購入するようにすれば不要な受診や検査が減る。重篤な疾患に用いられる治療の中にもエビデンスが不十分で、日本でのみ使われる薬が存在する。（http://www.nikkei.com/article/DGKKZO16236170R10C17A5KE8000/）

年間16万2400円の負担減が即可能

医療費が増加している最大の問題は、やはりエビデンスに基づく治療のガイドラインの不徹底だ。結局、それが過剰診療を招き、多額の医療費を使って効果のない治療を行うという愚かしい状況を招いている。政治家や官僚は自分の努力不足を棚に上げて、医療費は高齢化によって必然的に増大するかのように言うが、これは単なる責任逃れだ。

さらに言えば、エビデンスに基づかない治療に加えて、先ほど指摘した出来高払いによる「薄利多売」、過剰な病床などの構造的問題が重なっている。このように複雑化、重層化した医療費問題が単に税金を投入するだけで解決するわけがない。

前述した通り、日本の人口あたりの病床数は他の先進国に比べてかなり多い。しかも、その中に占める急性期の病床の数が特に多くなっている。急性期の治療とは、急性の病気にかかった人を治療し、短期間で退院させることに主眼を置く。持病のある高齢者が経過観察や処置などのために病院に通う場合とは根本的に違う。ところが、高齢化がこれだけ進んでいるにも拘らず、日本の病院には急性期の病床が多い。この点について、経済学者の鈴木亘《わたる》氏は次のように述べている。

わが国の高齢化は今後一層進展するので、重症患者のための急性期病床よりも、高齢者などがリハビリをするための回復期病床が数多く必要となる。だが現状は高度急性期を含む急性期病床が全体の約6割を占め、回復期病床は1割程度にすぎない（図参照）。25年の目指すべき姿から大きくかけ離れていることは言うまでもなく、現状でも相当のミスマッチが生じている。（中略）

このため人口構成や患者ニーズの変化に応じて、地域ごとにきめ細かな病床再編を進めて、ミスマッチを速やかに解消する必要がある。入院医療費は病床に規定される部分が大きい。機能別病床を適切に再編すれば、医療費を大幅に削減できる。筆者の試算では、急性期と回復期の病床数を図の25年の目標に再編できれば、総医療費は最大28％減少する。（『日本経済新聞』２０１７年5月11日「医療費抑制に新たな視点（中）急性期病床削減へ誘導を 病床取引市場も選択肢に」鈴木亘・学習院大学教授 http://www.nikkei.com/article/DGKKZO16176900100520I7KE8000/）

急性期病床と回復期病床の割合を調整するだけで、医療費は最大28％も削減できるそう

機能別病床数の現状と2025年の目指すべき姿

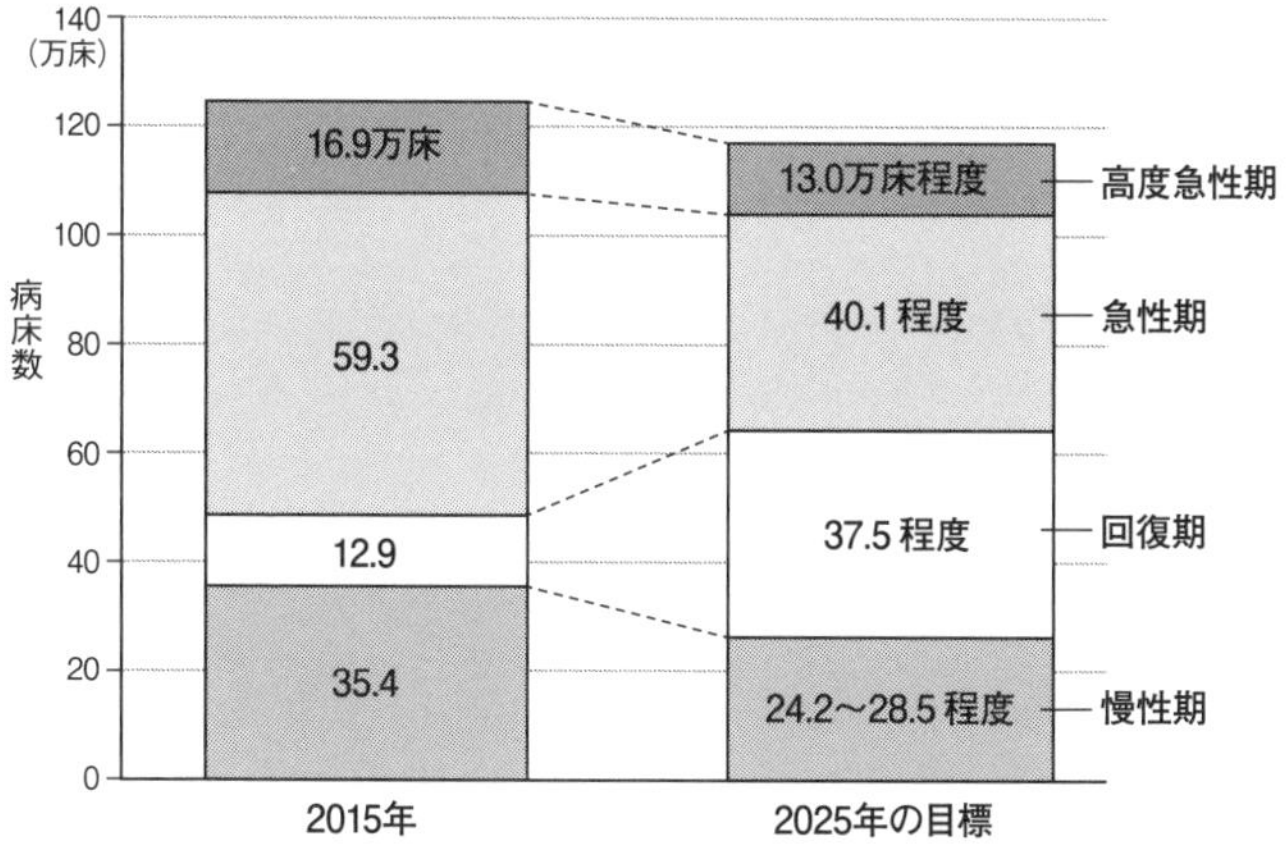

（データ出所：鈴木亘前掲記事）

だ。現在、国民健康保険の基礎（医療）分保険料は年間58万円である。単純にこれが28％減らせるなら年間16万2400円、月額で1万3533円が浮く計算だ。浮いたお金が消費に回れば景気も良くなり、保険料の担い手の雇用や収入も安定するだろう。まさに一石二鳥の効果ではないだろうか。

医療サービスのミスマッチを解消する方法

現在は病床の取引が認められていないため、価格調整メカニズムは働かない。そのため、ある地域で急性期病床が不足し、反対に回復期病床が過剰であっても価格は変動しない。その結果、医療サービスのミスマッチは解消されないまま放置されてしまう。もし、厚生労働省が余計な市場介入をしなければ、本来前者の価格が上昇し、過剰な後者の価格は低下するはずだ。つまり、このミスマッチを解消するには、病院間の病床取引を認めるしかない。鈴木氏は同記事の中で次のように述べている。

地域ごとに病床取引市場をつくり、病院間の病床の売買を認めることだ。例えばある地域で、地域全体で急性期病床を20％削減するのが目標となったとしよう。まず急性期病床を持つ地域内の全病院に、いったん急性期病床を一律20％減らして、回復期病床に転換する義務を課す。

当然その中には、重症患者が多く、急性期病床を絶対に減らしたくない病院もあるだろう。その一方で、急性期病床の稼働率が低く、40％減らしてもよいという病院もあるかもしれない。その場合、前者が後者の急性期病床を買い取り、両者合計して20％の削減目標を達成する。

実際には、多数の病院間で一床から自由に売買できるようにする。物理的な病床ではなく、病床を持つ権利を取引するのである。医療界では新奇なアイデアだが、二酸化炭素（CO2）の排出枠取引では以前から一般的な手法だ。

急性期病床を従前よりも多く買い取ることも可能だ。他の病院よりも高い買い取り価格を市場で提示し、急性期病床を多く購入しようとする病院は、他の病院よりも費用面で効率的な運営をしているはずだ。効率的な病院に多くの病床が集まることで、地域医療全体の効率性も増す。

こうした方法は、人口減少が進む地方で、地域全体の病床数を削減しなければならない場合にも使える。地域の中には病院経営者の高齢化が進み、あまり稼働していない病床も存在する。こうした病床を元気な病院が買い取ることで医療の質が向上し、数量減のショックをある程度緩和できる。病床を買い取ることで新たな病院が参入できるようになるから、新陳代謝も促される。さらに中小病院から大病院への病床再編が進めば、スケールメリットにより地域医療が一層効率化する。(http://www.nikkei.com/article/DGKKZO16176900100052017KE8000/)

医療制度に無駄が生じやすい原因は、監督官庁である厚生労働省が余計な介入をすることにある。そのせいで、市場の調整機能が働かなくなることが、誤ったインセンティブを発生させ、問題をより複雑にしていると言える。

もちろん、医療分野において自由な価格競争を行う弊害もある。少なくとも公的な医療保険の適用を受ける場合、国民が容易にアクセスできなければ意味がない。イギリスやオーストラリアは、公的医療制度はあるが、医療サービスの供給が絞られているため、とんでもない待ち時間を我慢しなければならない。また、アメリカのようにすべてが自由診療で、加入している医療保険によって、受けられる治療とそうでない治療があるというのもかなり厳しい。これらに比べて日本の医療制度は優れている点もたくさんある。だからこそ、中国人がこの制度を悪用して日本で高額な治療を受けに来るのだろう。

とはいえ、そんな素晴らしい制度も、今のまま何の見直しも行わずに放置したら、いずれ維持することができなくなってしまう。しかも、単に税金を投入しただけで解決できるような問題でもない。やはり、できるだけ早くＥＢＭの導入や、薄利多売になりがちな出来高払いの見直しを進めなければなるまい。

なぜ財政破綻《はたん》の夕張市が医療費削減に成功したのか？

一つのヒントになるのは財政破綻した夕張市の取り組みだ。夕張市は２００７年の財政破綻で総合病院が消え、医療が崩壊したと言われている。総合病院は財政破綻の年に閉鎖され、代わりにたった19床しかない診療所ができた。持病のある高齢者は医療難民のような状態になるのかと思われたが、結果は全く違った。

財政破綻以降、なぜか夕張市の高齢者の健康状態は悪化しなかった。いくつかの病気については罹患率が下がっている。ついでに高齢者の医療費も下がった。これは財務省にとって極めて不都合な事実だ。週刊日本医事新報に掲載された『夕張希望の杜の軌跡』という論説の中に、実際に起こったことを示すデータがあるので、以下抜粋する。

- 医療崩壊以降、市民の死因上位3疾患の標準化死亡比（ＳＭＲ）は大きく低下。例えば、夕張市民の胃がんのＳＭＲは２００６年には１３４・２だったが、医療崩壊後の２０１０年には91・0まで約3割5分も低下した。肺炎については１２５・０（２００６）から96・４（２０１０）まで低下。
- 全国平均の医療費は年額１００・３万円（２００６）から年額１０４・７万円（２０１０）へと増加したが、夕張市の医療費は83・２万円（２００６）から73・９万円（２０１０）へと実に13％も減少した。
- 全国平均の介護費は月額14・８万円（２００７）から15・５万円（２０１５）へと大幅に増加したが、夕張市の場合15・９万円（２００７）から15・９万円（２０１５）と横ばいで推移。
- 「健康リスクが高い人が転出したのではないか」との指摘があったが、人口統計を調べると、ここ20年で総人口は確かに半減しているが、高齢者人口は横ばいである。つまり、健康リスクの高い人の割合が上がっているにも拘らず、死亡率低下、医療費削減を実現したことになる。（『週刊日本医事新報』http://www.jmedj.co.jp/）

夕張市では、定期的に医師や看護師が患者宅を訪問して診療、看護を行うことが増えたそうだ。診療所の所長としてこのプロジェクトを進めた森田洋之《ひろゆき》医師は「医師と患者が普段から接触を持つことで、健康状態や価値観を理解して適切な治療を選択できるようになった。それが結果的に医療費削減につながった」と述べている。（http://business.nikkeibp.co.jp/atcl/opinion/15/221102/062200257/）

夕張市のように高齢化率45％の超高齢化自治体では、患者の大半は高齢者であり、たいてい持病がある。彼らに対して行う医療は「治す」ことを目的とした医療ではない。むしろ、症状をコントロールしながら長く病気と付き合うこと、言ってみれば「ささえる医療」が必要だ。夕張市は財政破綻により高価な検査機器や高度な手術ができる施設を手放したが、逆に「ささえる医療」に特化した。その結果、高齢者の死亡率は変化せずとも、死因に占める病死の割合が下がった。その代わり、老衰による自然死が増えたのだ。人間としてどちらがより望ましいか、いちいち述べるまでもない。

高齢化社会は日本にとってチャンス

夕張市と同じ取り組みを国レベルで行ったのが、スウェーデンだ。1990年代に日本と同じような状況にあったスウェーデンは、主に以下の3つの改革を行い、成功したと言われている。

① コミューン（日本で言う市町村）への大胆な権限委譲

② 医療施設から在宅医療へ（機能ごとに区別されてきた老人ホーム、サービスハウス、ナーシングホーム、グループホームなどの「施設」を、コミューン管轄の「特別な住居」に統合し、高齢者の「住居」として認識する概念が導入された）

③ 看護師・ホームヘルパーの権限拡大（一部の医療行為を医師でなくても出来るように法律を変更）

病床数と医療費の相関関係は、当時のスウェーデンでも常識だったようだ。寝たきり老

スウェーデンの80歳以上高齢者の病床数（床／100人あたり）

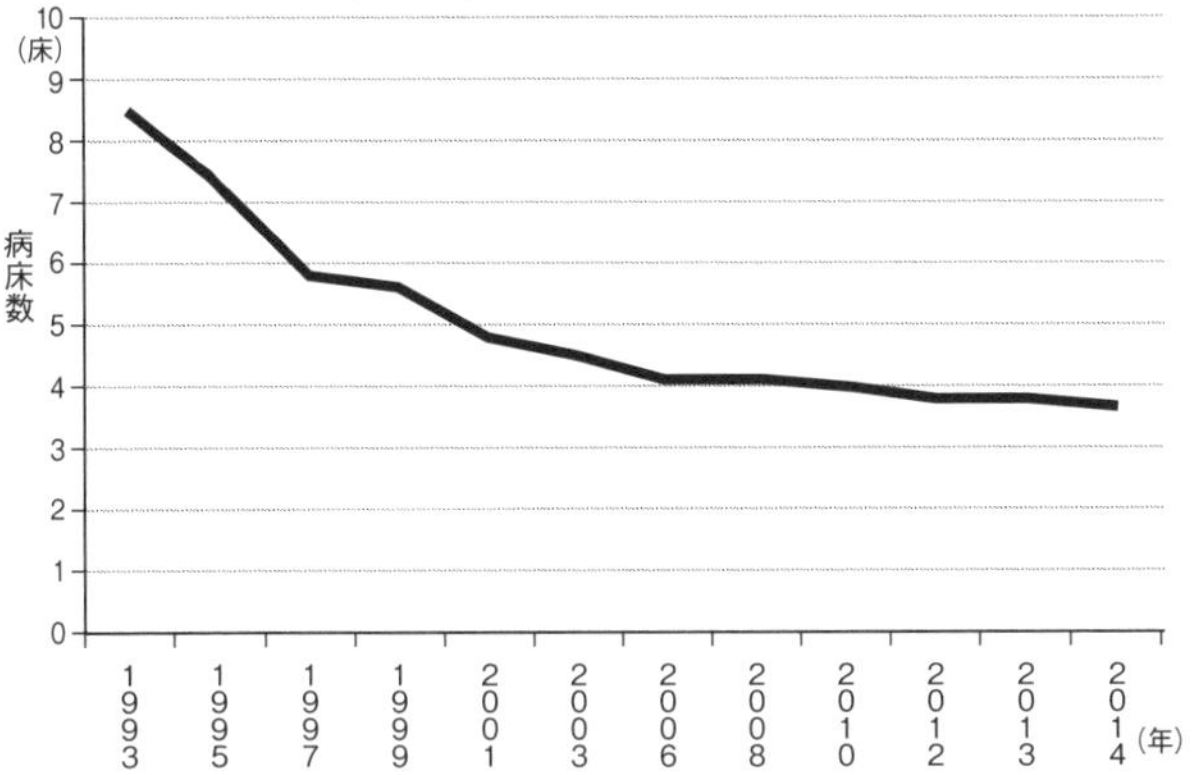

（データ出所：大和総研調査季報）

人をたくさん作れば医療費が増大する。しかも、高齢者のＱＯＬ（Quality of life：生活の質）は著しく下がる。そこで、ベッドの数を大幅に減らし、入院せずともほんの少し手伝えば普通に暮らせる高齢者を一気に在宅医療に切り替えた。そのための住宅である「特別な住宅」を作り、看護師やヘルパーの医療行為を解禁するなど大胆な改革を行った。

高齢者は一定の助けを得ながら、「特別な住宅」で自立して生活するようになった。それまでは医療のカテゴリで処理してきた問題を、福祉のカテゴリで処理することに切り替えたのだ。その結果、入院しなくてもいい高齢者は寝たきりにならず、結果的に寝たきり老人が全くいない世の中が出来上がった。

ＯＥＣＤの最新の統計によると、人口１０００人あたりの病床数は日本が13・１なのに対して、スウェーデンは２・３である。また、同統計によれば、ＧＤＰに占める保険医療支出の割合は日本の10・９％に対して、スウェーデンは11・０％である。現時点で日本はスウェーデンに並んでいるから、この改革を行うポテンシャルは相当高いと言っていいだろう。（石橋未来「スウェーデンの介護政策と高齢者住宅」大和総研調査季報21 http://www.dir.co.jp/research/report/japan/mlothers/20160301_010684.pdf）

高齢化社会は先進国共通の課題である。今後は医師、看護師不足や負担軽減のため、ウエアラブル端末などを利用した医療のＩＴ化、ＡＩ化が進むのではないだろうか。世界的にはInternet of Medical Things（ＩｏＭＴ）の本格導入が始まりつつある。まさに世界経済の成長分野であるが、果たしてこの分野における日本の規制緩和は間に合うのか？　医療制度改革と同時に、大きなビジネスチャンスが訪れている。

以上のように、「高齢化が進めば医療費は増大する」という話は必ずしも正しくない。ＥＢＭの導入、病床取引の自由化、夕張市やスウェーデンの実践を取り入れるなど、やれることはたくさんある。ポイントは、これらの改革が必ずしも医療の切り捨てになっていないことだ。実際に夕張市やスウェーデンでは寝たきり老人が減っている。医療費も減って患者のＱＯＬが向上するならまさに一石二鳥である。さらに、ＩＴやＡＩの介護分野への応用など、見方を変えれば高齢化社会はチャンスだ。

にも拘らず、日本においてこの問題は負担の増加、増税の口実としてしか語られていない。現状の制度、つまり岩盤規制を維持することを前提として議論を続けるからそうなってしまうのだ。ここにもまた一つ、岩盤規制の問題が横たわっている。

第7章

保育園

待機児童が解消されない本当の理由

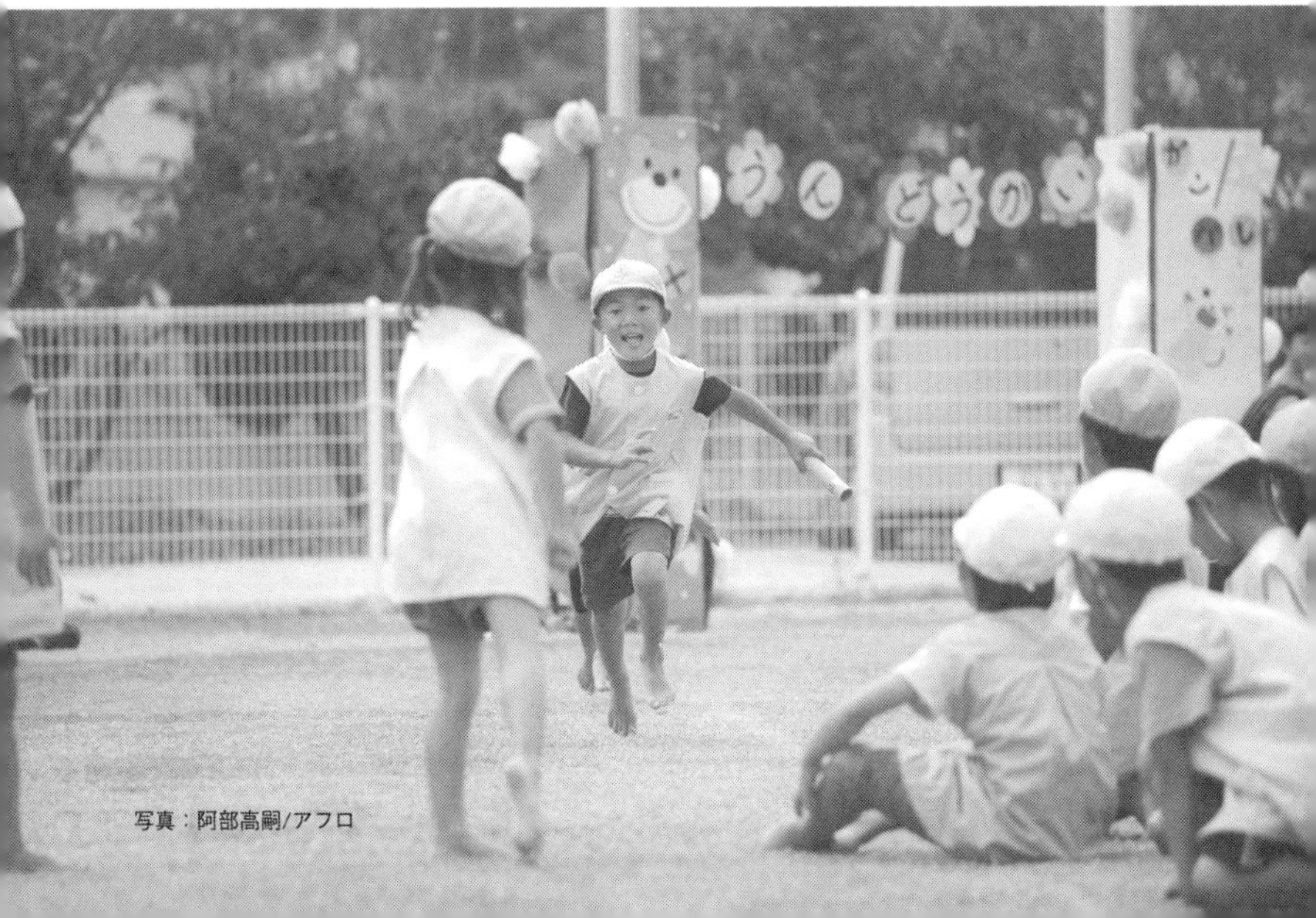

写真：阿部高嗣/アフロ

個人の力ではどうにもならない

保育園に入れない。安倍政権を批判するために「保育園落ちた、日本死ね」という匿名の投稿をマスコミや野党が喧伝したのは記憶に新しい。働く女性にとってこの問題は、それだけ切実だ。

この問題が騒がれるたびに政府は、保育園の定員を増やす新たな枠組みを実施してきた。認定こども園、企業主導型保育所、自治体の認証保育所など、まさに屋上屋を重ねるような政策を実施し、保育所の定員は確かに増えた。しかし、それでも待機児童がゼロにならない。それだけ保育サービスの分野に張り巡らされた、岩盤規制の問題は根深いのである。

一方で、横浜市や東京都の千代田区では、ある日突然待機児童がゼロになるという不思議なことが起こっている。一体どんな手品を使ったのか？　そこには衝撃的な事実があった。

子育てのため、女性は家庭に籠《こも》って、仕事をすべきでないと言う人がいる。まるで専業主婦が日本の伝統であるかのような口ぶりだが、これは全くのデタラメだ。歴史上、専業主婦が登場するのは大正時代からであり、それが広く一般的になるのは戦後のことだ。そのモデルとなったのはアメリカである。高度経済成長によって、夫一人の稼ぎで一家が養える稀有《けう》な経済状態が現出したからだ。

専業主婦に多少関係することだが、日本の核家族の歴史は意外と古い。歴史上、核家族が始まるのは戦国時代から江戸時代にかけてである。戦国大名が国力を増強するために行った治水事業と新田開発が徳川幕府に引き継がれ、それまで暴れ川のせいで耕作が困難だった沖積平野に開拓地が生まれた。そこに入植したのが農家の次男坊、三男坊、四男坊である。彼らが妻を連れて入植したので自ずと核家族が生まれた。しかし、核家族ではあっても妻は専業主婦ではない。主に夫が年貢米を耕作するのに対して、妻は商品作物や手工業品などの生産に従事し、現金を稼いだ。「かかあ天下とからっ風」とは、妻が現金を稼いで家で威張っていることを揶揄《やゆ》したものだ。

百姓と呼ばれる人々は、主に年貢米と市場性作物、商品を作る人々であって、決して農民ではない。そして、その事業は家族で営むものであり、妻はその事業を切り盛りする重要な役割を果たしていた。これは商家や海運業などでも同じである。一部の武士階級に専業主婦的な妻は存在したかもしれないが、それは人口比で見れば圧倒的な少数派だ。

昔はほとんどの女性が働いていたので、子育ては母親だけが行ったのではなかった。母親、父親も含めて家族や親戚、コミュニティ全体が面倒を見た。保育所がなくても、昔は村全体が保育サービスを提供していたのだ。

男女関係なく働いたおかげで、江戸時代は生産性が飛躍的に向上し、人びとの生活は豊かになった。服飾のブーム、旅行ブーム、グルメブームなど、現代のテレビを賑わすような時代の波はすでにこの時代からあったのだ。多くの人は教科書の喧伝する「貧農史観」の影響で、江戸時代が暗黒時代のように思っているが、騙されてはいけない。戦国時代から江戸時代にかけて、日本の人口は約3倍に増加している。これが何よりの証拠だ。

その江戸時代の生産性向上を支えたのが、女性の労働への参画だ。当たり前のことだが、夫婦2人で働けば1人で働くより生産量が増える。女性が元気に働く世の中は元気で豊かになるのだ。

これを現代に当てはめてみよう。私事で恐縮だが、私の母はキャリアウーマンのはしりで、約40年間陸上自衛隊の技官として勤務し、退職後には天皇陛下から勲章を賜った。もし、私を保育所に預けることができず、彼女のキャリアが中断していたら叙勲《じょくん》されることはなかっただろう。また、これは日本経済にとっても損失だ。なぜなら、私の母が働いた分だけ日本のGDPは増加し、得た所得の一部から税金を払う。もし、母が働かなければ、国は父にしか課税できず、GDPの増加もその分マイナスになっていた。

私の母の現役時代、結婚した女性は専業主婦が当たり前の時代だった。しかし、それは歴史上きわめて短期間で終了した。いや、元に戻ったと言うべきか。なぜなら、前述の通り昔は大抵の女性が働いていたし、働きながら子育てをしていた。人口の大半が自営業だった戦前は、職場に子供を連れていくこともできたし、コミュニティが子育てを補完してくれた。近所や親戚など、近くに頼れる人が沢山住んでいたからだ。

しかし、女性も働く時代が戻ってきても、子育てのコミュニティは戻ってこなかった。なぜなら、高度経済成長で人口が都市部に移転し、昔ながらのコミュニティが崩壊してしまったからだ。そのため、子育ては保育サービスによって代替されるようになった。それでも、高度成長期から昭和の終わりぐらいまでは未だ多くの女性が専業主婦であり、保育園の定員不足は深刻化していなかった。

ところが、高度成長が終わりバブルも崩壊して、専業主婦よりも働く女性が増えると、たちまち保育サービスは不足してしまった。これが待機児童問題である。この問題を単なる道徳や精神論で片づけることが、どれだけ間違っているか分かるだろうか？　自営業メインで確固たる地域コミュニティが存在した時代は、とっくの昔に終わっているのだ。個人の力でどうにかなるものでもない。

これは高度成長が終わり、低成長時代に入った国に共通して起こる現象だ。歴史的には専業主婦の本家であったアメリカですら、もはや専業主婦は〝絶滅危惧種〟である。夫一人の稼ぎでは家族を養えないため、共働き世帯が増えているからだ。この状況は日本でも変わらない。

このような社会状況において、母親が希望すればいつでも保育サービスが受けられることはとても重要だ。保育の充実がなければ、女性は安心して働きに出ることはできない。それはすぐさま貧困に直結する。しかも、働いてくれれば納税者になるはずの人が、働けないために税金を食う側に回ってしまう。税金を払う人から、税金を貰う人へ。当然それは日本経済の成長にも悪影響を及ぼす。

日本の場合、アベノミクスが始まって以来、世の中は空前の人手不足となっており、女性の労働力の活用は喫緊《きっきん》の課題でもある。特に私の経営するような中小企業にとっては、女性の労働力は貴重な戦力である。年商７００億円の某大手病院チェーンの代表に聞いたが、女性なくしてこれほどの成功はなしえなかったとのことだ。だから、その病院では子育て中の女性でも働きやすい環境を徹底的に整えているという。景気がよければこういう会社や機関はどんどん増えていくだろう。

ところが、世の中全体でみると必ずしもそうなっていない。アベノミクスでこれだけ景気が好転しても、いまだに待機児童が存在している。なぜこれほど大事な問題が解決しないのか。

実は、待機児童が増え続ける理由は簡単だ。保育サービスの需要に対して供給が不足しているのだ。たったそれだけのことである。では、なぜ供給が不足するのか？

もし、保育サービスへの新規参入が自由であれば、人びとは利潤を求めて新たに保育所を開設するだろう。そして、供給量がある程度増えれば価格が低下し、いずれどこかで均衡する。これが市場の価格決定メカニズムだ。簡単な需要曲線と供給曲線で説明すると以下のようになる。

供給が需要を上回れば、商品は売れ残るので市場価格は下がり、逆に需要が供給を上回れば商品が不足するので、市場価格は上がる。市場価格が上がると利潤を得ようと供給側に回る人々が増え、数量が増加し、いずれ需要と供給が一致する点に近づいていく。需要

市場の価格決定メカニズム

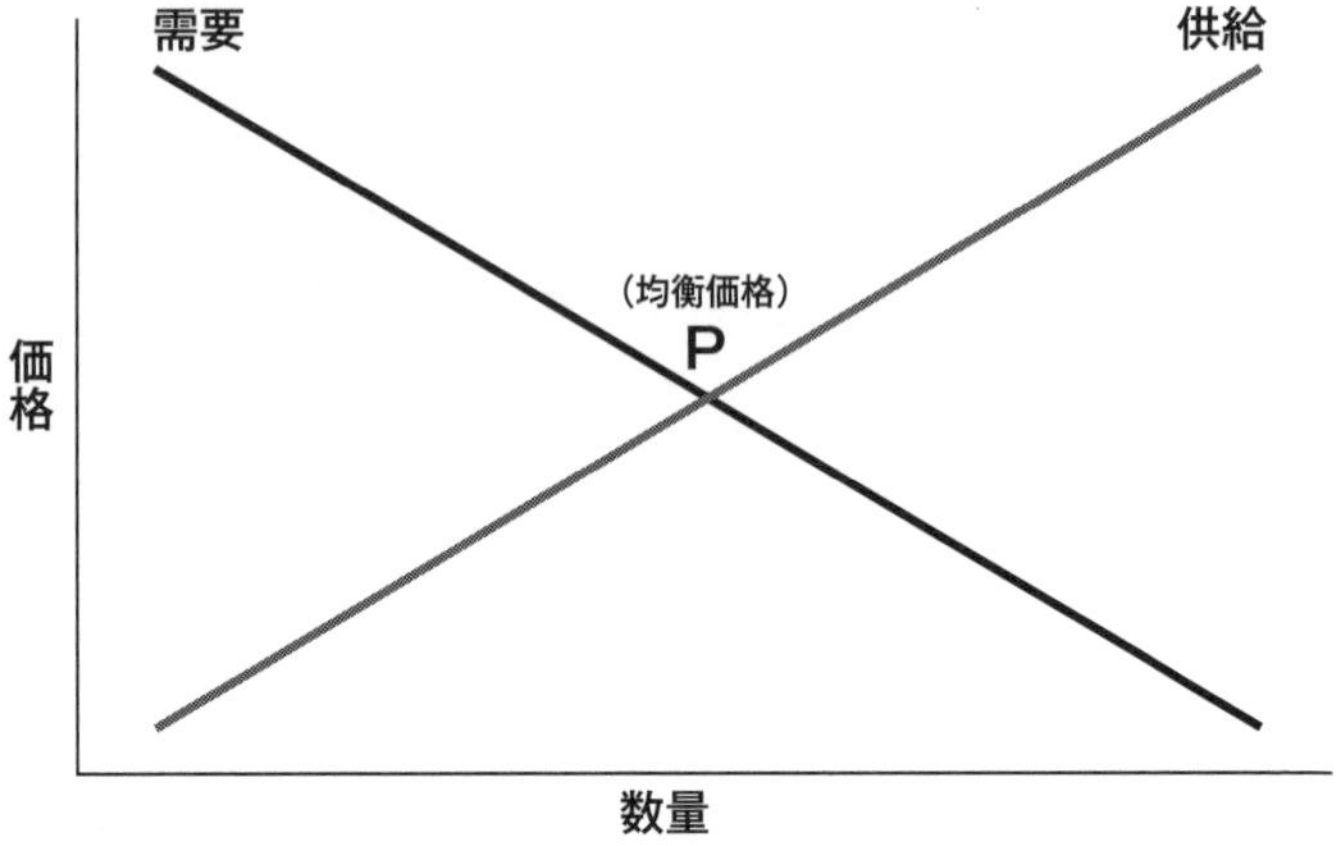

量と供給量が一致したときの価格（上のグラフの点P）を「均衡価格」という。

ところが、日本の保育市場では、供給が規制によって制限されている。これだけ大きな需要があれば、本来ここで均衡価格Pが高止まりし、利潤を求める人々の新規参入が促されるはずだ。しかし、保育サービスの価格が規制によって一定に保たれているため、市場の調整機能は働かない。保育サービスの供給量は需要増加に反応して増えることはなく、超過需要が放置される。これが待機児童問題の本質だ。

保育所が爆発的に増えても、待機児童増加の謎

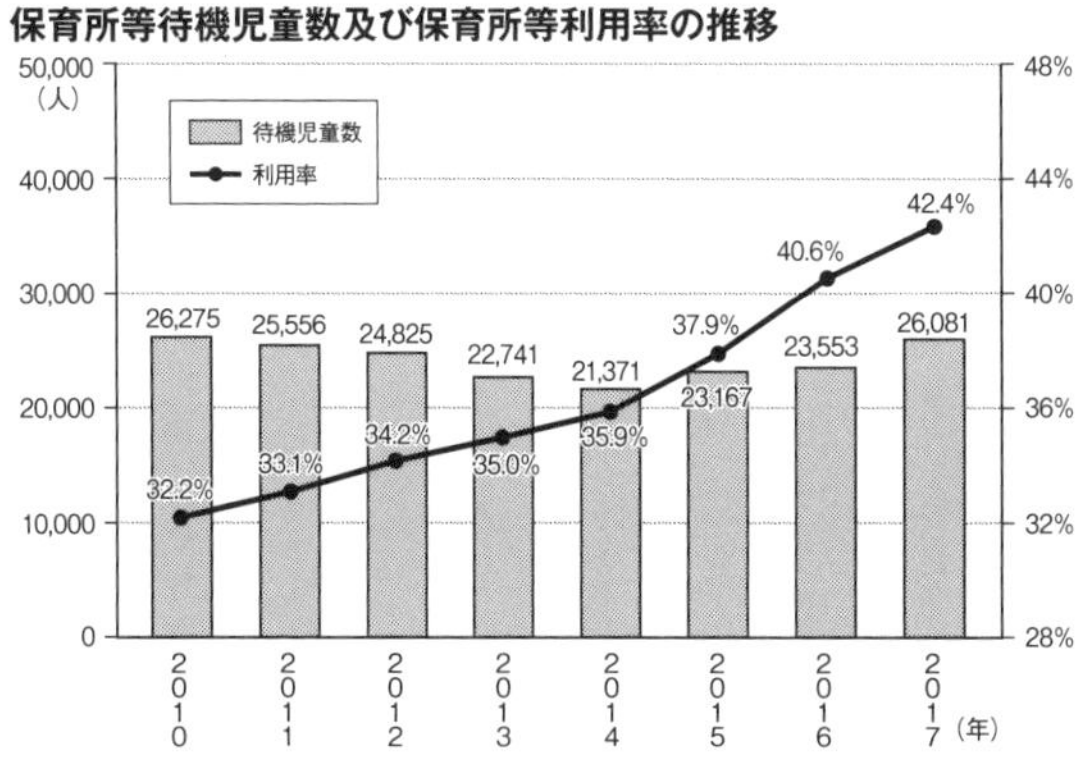

（データ出所：厚生労働省プレスリリース
https://www.mhlw.go.jp/file/04-Houdouhappyou-11907000-Koyoukintoujidoukateikyoku-Hoikuka/0000176121.pdf）

以上のようなことから、待機児童の問題は、政府が規制を緩めて新規参入を促せばすぐに解決する。もちろん、政府もそのことは分かっていて、この問題が持ち上がるたびに一応はそれをやってきた。新しいタイプの保育所として誕生した認定こども園、企業主導型保育所、都道府県や市町村が独自に行っている認証保育所などがそれだ。ところがそれでも足らない。客観的なデータを確認しておこう。上のグラフを見てほしい。

待機児童数は2014年までは減少傾向だったが、2015年から再び増加に転じ、

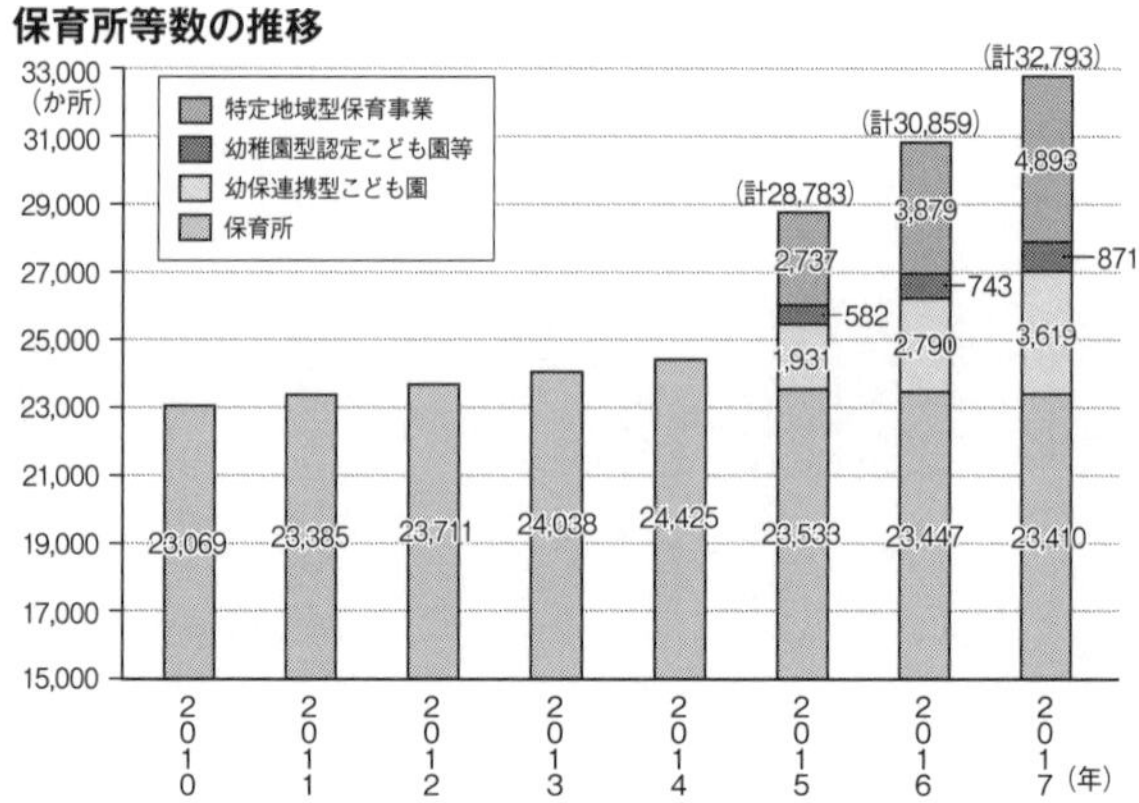

（データ出所：厚生労働省プレスリリースhttps://www.mhlw.go.jp/file/04-Houdouhappyou-11907000-Koyoukintoujidoukateikyoku-Hoikuka/0000176121.pdf）

２０１７年には２万６０８１人になった。保育所の数が減っているわけではなく、むしろ保育所の数は爆発的に増えている（上図参照）。厚生労働省の資料によれば、待機児童が増加傾向に転ずる２０１５年から保育所の定員は約１・５倍に増加している。認定こども園や認証保育園などの新しいタイプの保育所の設置を認めたためだ。

しかも、定員の増加はこれだけではない。２０１６年から政府の肝《きも》煎《い》りで始まった企業主導型保育事業により、２５９７施設、定員５万９７０３人分が新たに確保された。これまでの分と合わせ、単純合計で約９万人分の保育所の定員が確保された計算だ。ところが、それでも待機児童が増加してしまった。これはなぜなのか？
その理由は極めて単純だ。次の表をご覧いただきたい。

都道府県別待機児童数（2017年4月現在）

都道府県	待機児童数（人）
北海道	65
青森県	0
岩手県	178
宮城県	790
秋田県	41
山形県	67
福島県	616
茨城県	516
栃木県	131
群馬県	2
埼玉県	1,258
千葉県	1,787
東京都	8,586
神奈川県	756
新潟県	2
富山県	0
石川県	0
福井県	0
山梨県	0
長野県	0
岐阜県	2
静岡県	456
愛知県	185
三重県	100
滋賀県	356
京都府	227
大阪府	1,190
兵庫県	1,572
奈良県	287
和歌山県	29
鳥取県	0
島根県	119
岡山県	1,048
広島県	186
山口県	100
徳島県	94
香川県	227
愛媛県	97
高知県	73
福岡県	1,297
佐賀県	34
長崎県	190
熊本県	275
大分県	505
宮崎県	36
鹿児島県	354
沖縄県	2,247
計	**26,081**

（データ出所：厚生労働省プレスリリースhttps://www.mhlw.go.jp/file/04-Houdouhappyou-11907000-Koyoukintoujidoukateikyoku-Hoikuka/0000176121.pdf）

待機児童が増えた理由は、保育需要の地域的な偏りだ。グラフによれば、東京、千葉、埼玉の待機児童数だけで全体の53％を占めている。保育所が不足している地域に保育所が新設されない限り、この問題が解決しないことは明らかに見える。

全国的な傾向として、保育所は都市部で不足している。本章冒頭に説明したとおり、通常の市場メカニズムが働くのであれば、都市部の保育料は高騰《こうとう》し、それに呼応《こおう》して新規参入が増え、供給不足は解消するはずだ。しかし、保育所の設置認可が基本的に全国一律であり、なおかつ、支給される補助金も全国一律であるため、都市部では採算が取れず、参入する業者が少ないのだ。

もちろん保育所には、補助金を貰わない無認可の保育所もある。しかし、彼らの参入はあまり期待できない。なぜなら、補助金を受けられる認可、認証保育所と比べて、補助金を一切もらえない認可外の保育所は、競争上、大きなハンデを背負っているからだ。

そのため、政府が待機児童問題を解決するために新しいタイプの保育所を次々に認めるようになると、認可外保育所はたちまちマーケットから駆逐されるようになる。認可外保育所は、2016年度は前年度比1115か所減、2017年度は365か所減だった。2018年3月末時点で、認可外保育所は6558か所となった。ちなみに、減少した認可外保育所のうち約半数は、認可型の保育園に移行している。それでも全体としては純減だ。

公立保育所は支出が収入の4倍

では、補助金が出る認可型の保育所はそれほど儲かるのであろうか？　残念ながらそうでもない。文科省と厚労省が実施した「幼稚園・保育所等の経営実態調査結果」によれば補助金が沢山支給される認可保育所であっても、私立の場合、利益率は平均で4・5%、公立の場合は大幅な赤字だ。平均的な損益計算書は下の通りである。

公立の保育所は支出が収入の4倍もあり、

保育所の収支状況（総括表）

収支状況		公立 金額(千円)	公立 構成割合(%)	私立 金額(千円)	私立 構成割合(%)
事業活動収入	運営費収入	9,243	−	89,738	−
	利用料収入	11,566	−	2,445	−
	補助金収入	1,549	−	18,582	−
	国庫補助金等特別積立金取崩額等	1	−	1,934	−
	その他収入	1,622	−	2,262	−
事業活動支出	人件費支出	85,224	85.1	80,887	71.2
	事務費支出	5,255	5.2	9,500	8.4
	事業費支出	9,219	9.2	12,917	11.4
	減価償却費	29	0.0	5,013	4.4
	その他支出	182	0.2	997	0.9
事業活動外収入		3,527	−	601	−
事業活動外支出		196	0.2	1,098	1.0
収入		27,507	−	113,627	100.0
支出		100,104	100.0	108,479	95.5
差引（収入−支出）		−	−	5,149	4.5

データ出所：厚生労働省統計https://www.mhlw.go.jp/toukei/list/dl/163-1a.pdf

赤字はすべて税金で補てんされている。

私立の場合も、9割以上が税金で賄《まかな》われている。事業活動収入は78％が運営費収入、16％が補助金であり、利用者から徴収する保育料は全体の3％未満である。運営費収入というのはなじみのない勘定科目であるが、これは行政からの委託で人件費や事業費に充てる補助金のことだ。保育所の定員やサービス内容、職員数などの要件によって細かく決まっているが、ここではその基準については詳述しない。問題は公立でも私立でも、認可保育園はほぼ税金によって賄われているということである。

補助金の知られざる問題点

では、鳴り物入りで始まった「企業主導型保育所」の制度はどうだろう。実は、これもほぼ100％税金で賄われている公営の保育所だ。そもそも、この制度の謳い文句は「認可保育所並みの公的補助を受けられる」というものだった。

企業主導型保育所の問題点を知るためには、実際に、やってみるのが早い。私はある補助金コンサルタントを訪ねて、本気で企業主導型保育所を開設するための相談をしてみた。

そこで判明した事実は概《おおむ》ね以下の通りだ。

①　補助金には建物を建てる際にもらえるものと、その後の運営費を補てんするためのものと二種類がある
②　建物の補助金は建設費の75％をカバーする
③　補助金によって運営費の事業主負担は3％になることが想定されている
④　運営費に対する補助金は6月に申請し、審査を経て9月以降に支給される

建物の建設費の大半をカバーしてくれる上に、ランニングコストはほぼ100％面倒を見てくれるなら、とてもオイシイ話のように聞こえる。しかし、神は細部に宿る。実際にこの制度を利用して立ち上がった保育所は、いま大きな問題に直面している。

例えば1億円の建物を新築し、新たに保育所を作る場合、補助金が支払われるタイミングのせいで、事業主は一時的に6250万円の持ち出しを強いられることになる。

〈着工時〉

・建物の建設費全体の75％にあたる補助金総額7500万円のうち、半額の3750万円が入金される。着工時支払い額が建設費全体の半額の場合、事業主は5000万円を支払い、この時点で1250万円の持ち出しとなる

〈工事完了時〉

・事業主は、残金5000万円を支払うが、この時点では残りの補助金3750万円は支給されない。結果として、この時点で6250万円の持ち出しとなる

〈工事完了報告後〉

・やっと残金の補助金3750万円が入金され、持ち出し金額が相殺《そうさい》される。最終的な持ち出し額は、実質自己負担分2500万円となる

また、運営費に対する補助金にも大きな問題がある。それは支払いの大幅な遅延だ。現在、補助金の支給を受けるための審査が大幅に遅れており、4月に開園した事業主は、10月ごろまでの約半年分の運営費を、全額持ち出しせざるを得ない。東京都心部のある企業主導型保育所はそのせいで資金ショートし、保育士への給料未払いが発生しているという。

この補助金の審査を行っているのは、内閣府が業務を委託している公益財団法人児童育

成協会だ。この団体の平成30年度（２０１８）事業計画によれば、企業主導型保育園事業に関する補助金約１６９７億円の使途を委託されている。

私が取材した補助金コンサルタントによれば、企業主導型保育所はまだできたばかりの制度であるため、曖昧な点が多く、申請要件や監査項目についても、具体的なことは問い合わせてみないと分からないとのことだった。

例えば、この制度が始まった初年度は、補助金の対象外だった暖房便座と、壁掛け式のエアコンが、翌年度は対象内になるなどの混乱が発生している。暖房便座はぜいたく品、エアコンは盗難、横流しの危険性があるというのが当初拒否された理由だったが、何の説明もないまま2年目からは補助金対象となったそうだ。一事が万事この調子なので、何が補助金対象で、何がそうでないか、いちいち確認しなければ分からない。

ところが、いくら児童育成協会に電話を掛けても全くつながらない状態が続いているという。就職情報サイトによると、この団体の職員数は88名しかいない。そこに、既存の２５９７施設と、新設を希望するたくさんの事業所の問い合わせが集中する。臨時の嘱託《しょくたく》職員なども採用して対応しているそうだが、全く数が足りていないのだ。補助金申請の審査業務もパンク状態なのだろう。しかし、そのせいで現場の保育士への給料未払いが発生しているとしたら、トンデモない話だ。

「国営保育園」しか営業できないメカニズム

問題はこれだけではない。保育園の施設要件はとても厳しい。需要が大きい3歳未満の子供を預かる際は、給食の自園調理がほぼ必須となっている。そのため、保育スペースを潰して調理場を作らなければならない。土地が余っている地方の保育所なら負担は少ないが、もともと賃料が高い都心の保育所にはとても酷《こく》な要件だ。

例えば、都心のビルの空きスペースを活用して、企業主導型保育所を開設することはほぼ不可能である。設置要件を満たそうとしたら、基本的に1階以外に作るのは非常に難しい。これは「二方向の避難路を確保しなければならない」という要件のせいである。また、採光の要件も厳しく、「壁面の20%を窓にしないといけない」ことになっている。主にこの2つの要件のせいで、都心のビルの空中階を活用した保育所は補助金の対象外となる。

都心のビルの1階は通常、ビルの中で最も賃料が高い。賃料にも補助金は出るが、上限が決まっていて、都心の一等地にあるビル1階の賃料はとてもカバーしきれない。では、補助金でカバーしきれない賃料を利用料に転嫁できるかというと、それはダメなのだ。企業主導型保育所の補助金を受ける条件として、利用料の基準額が決まっているからだ。

日本は自由主義経済の国だが、こと保育サービスについては社会主義経済になっているようだ。ここまで見てきたように、公立、私立関係なく、規制と補助金によって事実上の「国営保育所」しか営業ができないようになっている。保育行政における岩盤規制とは、「供給を政府がコントロールする」という発想そのものであった。

余談だが、保育士の給料が安くて、人が全く集まらない理由もこれに起因する。利用料に基準額があるのと同じく、保育所の給料にも補助金上の目安が存在する。東京でも月額で手取り20万円程度、地方では手取りで13万円程度である。優秀な保育士を高く雇いたいと思っても、補助金をもらう限り、あきらめざるを得ない。かつて民主党政権時代に補助金の基準額を無理やり上げて保育士の待遇を改善しようとした。しかし、そもそも社会主義的な保育制度を維持したまま、給料だけ上げても、何の問題も解決しないことは分からなかったらしい。この目論見《もくろみ》は見事に失敗し、いまだに待機児童が山のように存在している。

では、なぜ政府が保育所の供給をコントロールする必要があるのか？　その理由は保育という事業の特殊性に鑑み、サービスの質を一定以上に保つためだそうだ。そのせいで認可保育所は多額の補助金をもらい、ごく一部の業者にしか開業が許されないスタンスを取ってきた。しかし、待機児童問題がクローズアップされたため、政府はこのスタンスを変えないまま、保育園の定員を増やす施策を実施した。だから、認定こども園や企業主導型保育所は、補助金をもらうのと引き換えに、一定の条件を満たす必要がある。この一定の条件こそが規制である。そして、その規制を守ることによって事実上の「国営保育園」が出来上がるわけだ。

いったん補助金をもらってしまうと、もう補助金なしの経営には戻れない。「来年はどうしたら補助金がもらえるのか?」それが主な経営の関心事になって、市場の保育ニーズへの対応は二の次になる。

歴史上、社会主義国家は国家が需要と供給をコントロールして、理想の社会を作ろうと壮大な社会実験を行った。そして、見事に失敗して滅び去った。待機児童問題がいつまで経っても解決しない理由は、そもそも、すでに失敗した社会主義的なアプローチをしようとしているせいではないだろうか?

待機児童がいない国

ではどうするべきなのか？　待機児童がいない国としてスウェーデンやフィンランド、そしてシンガポールなどが知られている。これらの国のやっていることを単純にまねてみるのはどうだろう？

実はスウェーデンやフィンランドなどの北欧諸国と、シンガポールの問題解決に向けたアプローチは正反対だ。しかし、1つだけ共通していることがある。それは、「幼保一元化」である。日本ではいまだに保育所と幼稚園は別々の監督官庁が管轄《かんかつ》し、お互いに交わることがない。正確に言うと、認定こども園のスタートで少し交わり始めたといった方がいいかもしれないが、まだまだ一元化というレベルには程遠い。

実は、この問題は70年前から議論されていたのだ。次の記事は幼保一元化の取り組みとして導入された認定こども園についての解説だが、幼保一元化問題の根深さについて言及している箇所があるので抜粋する。

日本には、明治時代から幼稚園と託児所（1947年に保育所に名称統一）があり、それぞれ当時の文部省と厚生省が所管。今も担当は文部科学省と厚生労働省に分かれている。

国会議事録によると、女性が参政権を得た46年4月の衆院選で初当選した越原春子は、7月の衆院の委員会審議で「婦人の職場への進出を容易ならしめるために」と幼保一元化を提案。「幼児の保育・教育こそ真に国民教育の基礎をなす」と訴え、当時の田中耕太郎文相は「大いに研究を要する問題」と応じた。

参院事務局によると、一元化の議論は明治時代の帝国議会でも行われていた。戦後、ほとんどの4、5歳児がどちらかに通うようになった60、70年代に論議が活発になったという。（『東京新聞』２０１7年12月17日「進まぬ幼保一元化　70年前、すでに国会で論議」
http://www.tokyo-np.co.jp/article/politics/list/201712/CK2017121702000133.html）

日本では70年も議論して、未だに結論が出ていないのが幼保一元化なのだ。それだけ既得権が強く、規制が岩盤のように固いということだろう。逆に、待機児童のいない国においてはもともと既得権や規制が存在しないか、過去に打破されているため、幼保一元化が

日本の保育・幼児教育

保育所		幼稚園
厚生労働省	所管	文部科学省
児童福祉法	根拠法	学校教育法
0歳～就学前	対象年齢	3歳～就学前
8～11時間	標準的な教育（保育）時間	4時間（夏休みや冬休みがある場合が多い）
義務	給食	任意
保育士資格	先生の要件	幼稚園教諭免許（10年に1度の更新制）

↓

認定こども園
幼稚園と保育所の機能を併せ持った施設

（出典：東京新聞前掲記事http://www.tokyo-np.co.jp/article/politics/list/201712/CK2017121702000133.html）

前提となっている。この時点で保育インフラの整備環境に、日本とは大きな隔たりがあると言えるだろう。まずこれが、日本が乗り越えるべき1つ目の壁である。

新設される認定こども園は、その壁を乗り越えるための施策だと言われている。とはいえ、日本の場合、既存の認可保育所や幼稚園を残したまま、まさに屋上屋を重ねるように認定こども園の制度を新設した。まさに既得権に配慮した最小限の改革と言わざるを得ない。その結果、例えば保育士と幼稚園教諭の資格は未だに分かれているし、施設要件などもそれぞれ異なっている。極めて非効率である。ただでさえ不足した保育インフラ、リソース（資源）を効率的に活用するには、幼稚園と保育園の壁を完全に取っ払うべきだろう。

既存のものも含めて、すべての幼稚園、保育園を、認定こども園に衣替えするような抜本的な改革がなぜできないのだろうか。それほど既得権を持つ人たちの力は強く、彼らが規制によって有利な立場にいるということだろう。保育所は決して儲かるビジネスではないが、既存の保育園を営む社会福祉法人は固定資産税の減免を受けられることが知られている。

もともと、保育園や幼稚園の事業主は地元の名士で、沢山の土地を持っている人が多いのはそのためだ。むしろ、固定資産税の減免を受けながら、土地などの資産を継承するのが主目的だったとしたら、極めて歪んだインセンティブ（動機）だと言わざるを得ない。いや、これは地主側の責任というより、政府のインセンティブの設計ミスだ。

では、この部分をどう変えるべきか？

先ほど挙げた待機児童のいない国のうち、スウェーデンやフィンランドなどの北欧諸国は、巨額の財政支出によって保育サービスの供給を維持している。いわば日本型国営保育園を、より充実させる方向で問題解決をしている。

その代わり、投入される国家予算は日本の3倍だ。スウェーデンの家族関係社会支出はGDPの3・64％であるのに対し、日本は1・32％でしかない（内閣府資料による。http://www8.cao.go.jp/shoushi/shoushika/whitepaper/measures/w-2015/27webhonpen/html/b1_s1-1-5.html）。日本政府の今の考え方は、おそらくこの北欧型の方向を目指しているようだ。北欧諸国の場合、保育所利用者の支払う保育料は私立でも公立でも同額であり、保育予算が今の3倍になれば、日本でもおそらく同じようなことができるかもしれない。もちろん、屋上屋を重ねる制度は残り、既得権益もなくならないだろう。それでも待機児童がいなくなれば良しとすべきか？

しかし、北欧のような高福祉政策を維持するためには、国民の負担も重くなる。財務省は増税の口実を得て狂喜乱舞《きょうきらんぶ》するかもしれないが、それが日本経済にとって本当にいいことなのかどうかは分からない。

補助金は利用者に支給すべき

シンガポールは北欧とは異なるアプローチで、保育サービスの供給を維持している。シンガポールの場合、保育所は保育料を自由に設定可能だ。また、補助金は保育所ではなくユーザーである国民に配られている。国民は補助金の範囲内の最小限の保育所を選ぶこともできるし、それにいくらか上乗せして環境がいいとか、教育がいいとか、サービスの質の高い保育所を選ぶこともできる。いわゆる市場メカニズムの導入だ。シンガポール在住のフィナンシャルプランナー、花輪陽子氏は、次のように述べている。

確かに保育園の料金は決して安いとは言えません。月5万～10万円程度が一般的ですし、高いところでは20万円近くする場合もあります。政府の介入が最小限なので、自己負担は日本より増えます。ただ、料金の違いは施設やカリキュラムや料理の内容など、サービスの違いによるものです。そのため、日本のように、保育料が高い無認可保育園よりも保育料が安い認可保育園のほうがサービスがよいといった不公平感はありません。

シンガポールでは教育方針などに強いこだわりがなければ、すぐに保育園に入れることができます。このように保育園の運営に関しても、ある程度民間に任せて、政府は園を経由して国民に補助をするほうがうまくいくのではないでしょうか。（東洋経済オンライン「シンガポールに『待機児童』などいないワケ」https://toyokeizai.net/articles/-/218139?page=3）

私も、答えはおそらくこれだと思う。補助金は供給側の保育所でなく、需要側である利用者に渡すべきだ。いわゆる保育バウチャー制度である。そして、利用者が保育所を取捨選択し、より利用者に支持される保育所が選ばれて生き残っていくのが健全な市場経済である。政府は保育所の最小限の設置要件と安全面の基準のみを課せばよい。

今のやり方だと、補助金の支給要件の審査に膨大な工数《こうすう》（仕事量）がかかるうえ、支給後の監査もとても大変だ。補助金が利用者に渡されるようになれば、こういった手間はすべて省《はぶ》ける。まさに一石二鳥ではないか。①幼保一元化、②保育所の設置要件緩和、③保育料の自由化、④保育バウチャー制度に、⑤保育政策の国から地方自治体への移管、を加えて政策パッケージとし、待機児童問題の最終解決を図るべきだ。

こうすることで、現在の保育社会主義体制は崩壊し、新たに保育自由主義経済体制がスタートする。保育ニーズの高いところでは保育料が上がり、供給側の新規参入インセンティブも上昇する。いわゆる市場の価格決定メカニズムが働くことになる。保育バウチャーの金額は地域によって異なっていてもよい。都心の保育料が高い地域と、地方の保育料が安い地域のバウチャーの金額はむしろ異なって当然だ。その意味で、保育所の設置に関する政策の主体は国ではなく、地方自治体であることが望ましい。これが⑤の政策の意図である。これをシンガポール型ソリューションと名付けよう。

これに対して、北欧型のソリューションは、あくまでも国が供給をコントロールする代わりに、潤沢な予算を配分するというものだった。これはある種の社会主義政策であり、私はいいとは思わない。しかし、日本の財務省はどうもこちらのソリューションをちらつかせながら、十分な予算を配分せずに放置している。まるで、増税の口実に使うために、わざと問題を放置しているように見える。

統計上は待機児童ゼロの「カラクリ」

それからもう一つ、待機児童ゼロを達成した横浜市のソリューションがあるので紹介しておこう。これは一般的に「横浜方式」と呼ばれるものだ。冗談のようなやり方だが、なんとこのやり方が、いま日本全国で幅を利かせつつあるので要注意だ。

横浜市の待機児童は統計上ゼロである。しかし、2017年度からの保育所への新規入所申込は1万7908人あり、1月末に通知された一次調整で認可保育所への入所が内定したのは、1万3331人だった。一次調整の時点では4577人が待機児童になっているはずだが、横浜ではこの子供たちを「保留児童」と名付け、待機児童にはカウントしないそうだ。二次調整によって第2希望以降の保育所に入園できれば、もちろん待機児童にはならない。しかし、希望の保育所に入れず、第1希望の空きを待つ人は「保留児童」のままになる。これに加えて、「保育所に入れず、育休をやむをえず延長した場合」や、「自宅で求職中の場合」も待機児童ではなく、「保留児童」になるそうだ。

横浜方式は全国で浸透しつつある。先日、東京都の区市町村の待機児童統計を眺めていたら、千代田区がゼロになっているのを発見した。千代田区役所に確認してみたところ、第1希望を落ちて第2希望に進まず、第1希望の空きを待つ人は待機児童にカウントしていないとのことだった。まさに横浜方式だ。

全国の政令指定都市の待機児童数についても調べてみたが、確かにゼロの都市がいくつかあった。これも横浜方式の可能性がある。

確かに、「第2希望以下で保育所に入れるのに、その権利を行使せず、自らの意志でキャンセル待ちをしているのだから待機児童ではない」というロジックには、ある程度説得力

政令指定都市待機児童数（2017年4月現在）

指定都市	保育所等数（か所）	定　員（人）	利用児童数（人）	待機児童数（人）
札幌市	397	28,539	28,344	7
仙台市	331	18,457	18,566	232
さいたま市	303	19,388	19,253	0
千葉市	231	15,258	15,536	48
横浜市	939	62,182	61,885	2
川崎市	387	26,586	26,999	0
相模原市	164	12,641	11,970	0
新潟市	251	22,187	21,831	2
静岡市	170	13,646	12,528	40
浜松市	148	13,828	12,131	168
名古屋市	584	46,303	44,388	0
京都市	381	30,189	31,101	0
大阪市	611	58,600	50,062	325
堺市	163	16,993	16,970	31
神戸市	387	26,250	26,605	93
岡山市	147	17,435	15,593	849
広島市	249	27,490	26,207	93
北九州市	223	17,753	16,736	0
福岡市	347	35,379	35,400	89
熊本市	246	19,966	20,389	0
指定都市計	6,659	529,070	512,494	1,979

（データ出所：厚生労働省プレスリリースhttps://www.mhlw.go.jp/file/04-Houdouhappyou-11907000-Koyoukintoujidoukateikyoku-Hoikuka/0000176121.pdf）

がある。希望のところに入れるまで待つなんてぜいたくだという考え方が、おそらくその背後にあるのだろう。しかし、カウント方法を変えることが待機児童問題の解決策として適切かというと、私は必ずしもそうではないと思う。岩盤規制と既得権を放置し、問題の原因を利用者である国民に擦《なす》り付けるのはいかがなものか。まさに本末転倒、泥棒と警察が逆転したような気分だ。

第8章

朝日新聞

朝日新聞はいつ潰れるのか?

写真：三木光/アフロ

やりたい放題が許される理由

２０１８年9月、朝日新聞が慰安婦問題を巡る誤報を認めて謝罪したネット記事の英語版にインターネット上の検索を回避するためのメタタグが埋め込まれていることが発覚した。産経新聞は次のように報じている。

検索できない設定となっていたのは、平成26年（２０１４）８月５日付朝刊に特集「慰安婦問題を考える　上」に掲載された記事の英訳版２本。１つは朝鮮半島で女性を強制連行したと虚偽証言した吉田清治氏を取り上げた記事を取り消した記事。もう１つは、「女子挺身《ていしん》隊」と「慰安婦」の混同を認めたことを伝えた記事だった。いずれも朝日新聞デジタルのウェブサイトに26年8月22日午前10時にアップされていた。（https://www.sankei.com/politics/news/180824/plt1808240031-n1.html）

朝日新聞広報部は産経新聞の取材に対し、「記事を最終確認するため社内のみで閲覧できる状態で配信し、確認を終えてから検索可能な状態にした。その際に2本のタグ設定解除の作業が漏れてしまった」と説明したそうだ。ハッキリ言ってこの言い訳はウソだと思う。なぜなら、慰安婦問題に関する別の記事でも検索回避のメタタグを埋め込んでいたことが発覚しているからだ。

朝日新聞のWEB版にアップされている数万の記事のなかで、なぜ慰安婦問題の捏造《ねつぞう》について解説した記事だけに検索回避のメタタグが付くのか？　仮にこれが偶然だとしたら天文学的な確率でしか起こりえない。朝日新聞はもう少しマシな説明を考えるべきだ。

朝日新聞のコンプライアンスはこの程度である。そもそも、30年にわたって慰安婦問題の捏造記事を放置した体制そのものがコンプライアンス違反である。

実は、新聞社は普通の会社とは違い、日刊新聞法という不思議な法律で守られている。この法律のお陰で、新聞社の株主は株式の譲渡が制限されている。おそらくその立法趣旨は、メディアが外国や特定の政治勢力に乗っ取られることを防ぐためのものだと思う。しかし、株主が株式を譲渡できないことをいいことに、新聞社は記者上がりの左翼経営者がやりたい放題できる場所になってしまった。元財務官僚で、嘉悦大学の高橋洋一教授は次のように指摘している。

たとえば朝日新聞を例にとってみよう。朝日新聞は、村山家と上野家が代々ずっとオーナーとして存在する企業だ。株式の譲渡が制限されているのだからオーナーが代わることがない。このように完全に経営者が代わらないと、オーナーがどんな意見を言うか言わないかで、経営方針をはじめとする会社のすべてのことが決まってしまう。

ただし、新聞社のオーナーは現場に意見を言わないケースがほとんどだ。するとどうなるかというと、現場の社長が経営のすべてを握ってしまう。そうして、絶対にクビにならない社長になるというわけだ。(「新聞テレビが絶対に報道しない『自分たちのスーパー既得権』」https://gendai.ismedia.jp/articles/-/49808)

つまり、朝日新聞のオーナーが経営にタッチしないという方針をずっと貫いているがために、社長はやりたい放題ということになるのだ。この経営構造そのものがコンプライアンス違反である。そして、そんな遵法《じゅんぽう》意識しかない会社だからこそ、珊瑚のKY落書きに始まり、最近の吉田調書捏造、慰安婦問題捏造といった重大な「事故」を何度も起こしているのだ。

朝日新聞の財務状態

長崎県平戸市の黒田成彦《くろだなるひこ》市長が、市長室での朝日新聞の購読をやめたそうだ。「誤報を垂れ流す広報媒体を排除する」というのが理由らしい。仮に新聞が八百屋だとするなら、誤報とは、顧客を騙して腐った野菜を買わせたに等しい。黒田市長の反応は当然だ。そして、腐った野菜を売り続ける八百屋には悪い評判が立ち、客が寄り付かなくなる。最後は売上減少で倒産するしかないだろう。

しかし、八百屋と違って、新聞社はなかなか潰れない。2014年、私は朝日新聞の過去の財務諸表を調べ、一体いつ、この新聞社は潰れるのか分析してみた。その時、分かったのは、新聞社の最大の強みが潤沢なキャッシュフローにあるということだ。そして私は「朝日新聞の財務諸表徹底分析」という論考を月刊誌に発表したが、その時点で朝日新聞の営業キャッシュフローは約200億円あった。これだけ潤沢なキャッシュがあると、なかなか会社は潰れない。そして意外なことに、そのキャッシュの大半は左前になって久しいと言われている新聞事業から生じていたのだ。

とはいえ、朝日新聞は高コスト体質だった。２０１４年までの傾向では、販売部数が5％減少するごとに経常利益と営業キャッシュフローが概ね半減すると推察した。だから、朝日新聞を潰したい人がいるとしたら一気に潰すのは無理なので、毎年5％ずつでも解約を積み増していけば、いつかキャッシュフローが不足して経営は大変なことになるだろうと予想した。あれから4年。朝日新聞の財務状態はどうなったのだろうか？

２０１7年10月度のＡＢＣ部数によれば、朝日新聞の販売部数は６１２万１千部まで落ち込んでいる。私が前の論説を寄稿した２０１４年11月度は７０４万２千部だったので、約92万部、率にして13％の減少だ。

私が立てた仮説が正しかったなら、経常利益は１６９億円から66億円に、営業キャッシュフローは２１３億円から83億円に減少していなければならない。しかし、残念ながらそうはならなかった。朝日新聞の２０１６年3月期決算によれば、経常利益は１５２億円、営業キャッシュフローは１６４億円である。大変残念だが、私の仮説は外れてしまった。

しかし、「ちょっと待ってほしい」。同論考で、私は次のようにも述べている。「部数減少に歯止めがかからなくなれば、社内では２０１０年を上回るリストラの嵐が吹くだろう」

朝日新聞は、私が考えている以上に部数減少に敏感だった。そして、私が想定していたよりももっと過激な経費節減を行ったようだ。利益とキャッシュフローが、私の予想に反して持ちこたえてしまったのはそのためだと思われる。以下、その証拠を示そう。

たとえば、朝日新聞の早期退職制度の条件が悪化している。２０１０年までは、退職金に加えて年収の5割を10年分、一時金として受け取ることができた。しかし、２０１７年にはこれが年収の4割に減額された。とはいえ、それでももらえる金額は４８００万円プラス退職金だ。これでも世間一般の水準から見ればかなり好条件ではある。しかし、それでも相対的な金額で見れば１千万円以上も縮減されている。この「方向性」こそがとても重要だ。

それだけではない。朝日新聞は２０１６年4月から編集、校閲《こうえつ》を朝日新聞メディアプロダクション（旧名：朝日マリオン21）という関連会社に外注化した。会員制情報誌『ＦＡＣＴＡ』によると、この会社に１６０～１７０人ほどの社員が転籍するという。いわゆる片道切符というやつだ。関連会社で給与体系が変われば、給与、ボーナスおよび退職金も抑制することができる。明らかな人件費削減策だ。

２０１６年1月4日、朝日新聞東京本社において、渡辺雅隆《まさたか》社長は「中期経営計画」を発表した。そのなかで、経営基盤の強化策として打ち出されたのは総額１００億円規模の

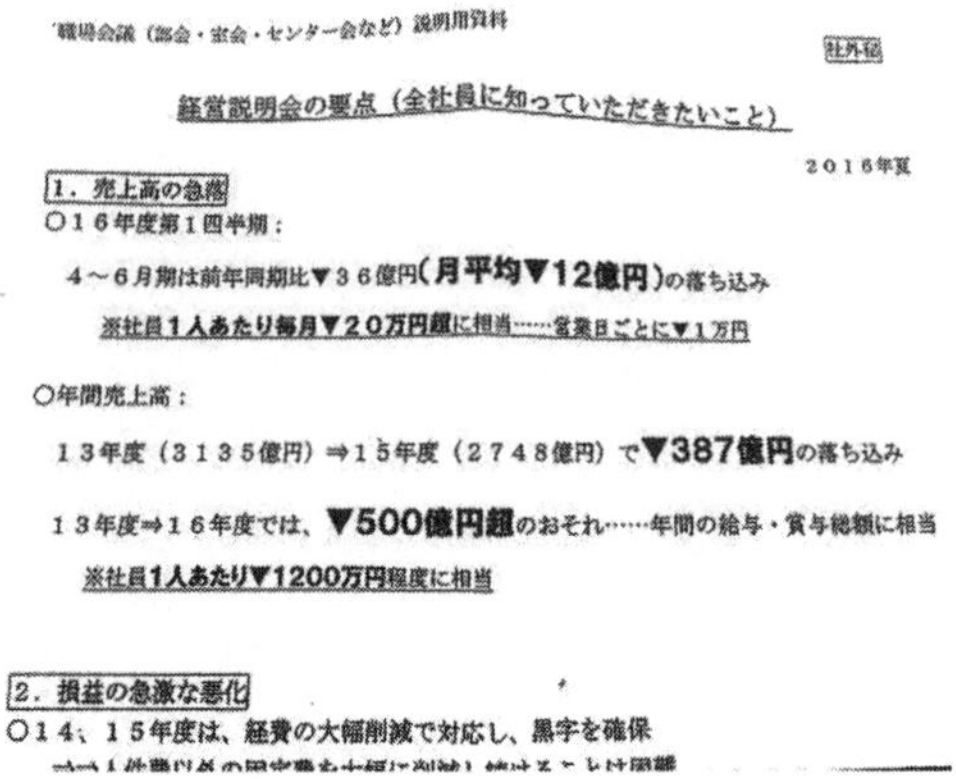

職場会議（部会・室会・センター会など）説明用資料

社外秘

経営説明会の要点（全社員に知っていただきたいこと）

２０１６年夏

1．売上高の急落

○１６年度第１四半期：

４～６月期は前年同期比▼３６億円（**月平均▼12億円**）の落ち込み

※社員１人あたり毎月▼２０万円超に相当……営業日ごとに▼１万円

○年間売上高：

１３年度（３１３５億円）⇒１５年度（２７４８億円）で**▼387億円**の落ち込み

１３年度⇒１６年度では、**▼500億円超**のおそれ……年間の給与・賞与総額に相当

※社員1人あたり▼1200万円程度に相当

2．損益の急激な悪化

○１４、１５年度は、経費の大幅削減で対応し、黒字を確保

（出典：ＮＥＷＳポストセブン「朝日新聞『社外秘』資料入手『3年で500億円減収』の衝撃」http://www.news-postseven.com/archives/20161014_456912.html?PAGE=2）

人件費削減である。具体的には、２０１７年４月から社員の平均年収を１６０万円引き下げる大幅な賃下げを実施するとのことだ。この方針を徹底するためか、同年秋頃、朝日新聞の社内では「経営説明会の要点（全社員に知っていただきたいこと）」と題された１枚のペーパーが配られた。

ＮＥＷＳポストセブンが報じたこの内部文書の要点は、以下のとおりである。

・２０１４年、15年度は経費の大幅削減で対応し黒字を確保。

・人件費以外の固定費を大幅に削減し続けることは困難。

・２０１６年度は、現状のままでは赤字見通し。

・2017年度から給与改革・定年延長ができないと、恒常的赤字に落ち込む（16年度だけでは済まない）。

・「繰延《くりのべ》税金資産の取り崩し」＋「新聞業の減損」で赤字数百億～1千億円規模。

・信用失い、取引条件悪化。

・キャッシュ不足で運転資金が回らなくなる。

やはり、私の見立ては正しかった。朝日新聞は2014年、15年に大幅な経費削減に手を付けていたのだ。逆に言えば、もし何も手を付けなければ、私が立てた仮説のとおりに大幅な減益とキャッシュフローの悪化を招いていただろう。だが、大幅な経費削減によって何とか黒字を出した。一時的には。

しかし、社員に配付された文書が指摘しているとおり、この黒字はあくまでも一時的なものでしかなかった。このままいけば、2016年度は赤字の見通しだという。人件費の削減についても、転籍や早期退職制度だけでは間に合わず、ついに聖域中の聖域である現役社員の賃下げにまで手を付けていたのだ。

では、朝日新聞の経営がどれほど危ないのか？　この点については、下のグラフを見ていただければ一目瞭然であろう。

このグラフ1は、朝日新聞の13期分の連結財務諸表を元に作成したグラフである。売上は13年間で35％減、利益は約半減の右肩下がりである。ただし、利益は売上と同じペースで下がらず、不自然に上下動している。特に２０１０年、12年、14年、15年は売上の右肩下がりの傾向に反して、利益が増加している。利益額に上下動があるのは、その時の経費節減策の実施の有無によるものだ。

たとえば、２０１１年には正規社員の非正規化、雇《やとい》止《ど》めなど大規模なリストラが行われたことが財務諸表から確認できるし、先ほど

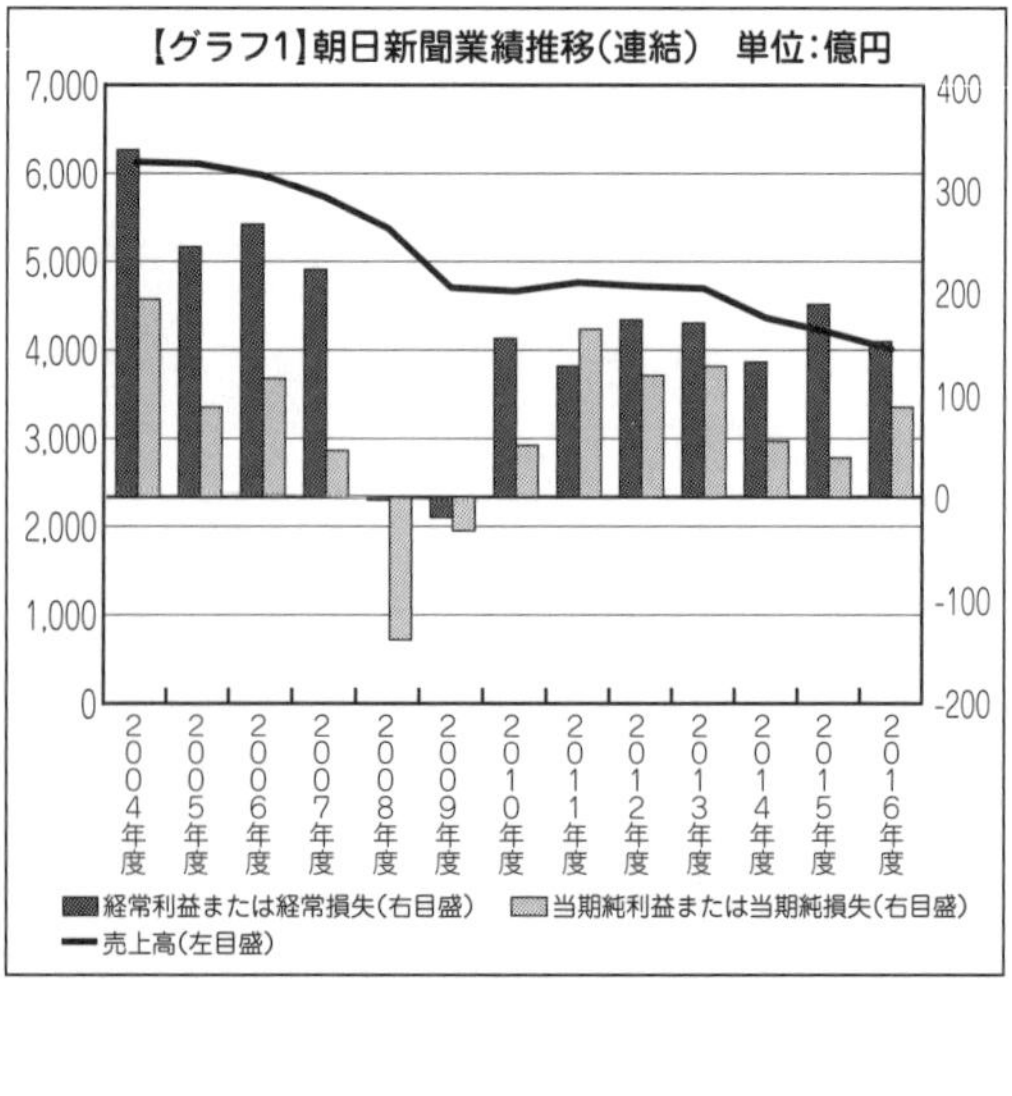

の内部文書にあるとおり、2014年、15年にも現役社員の給与以外については大規模な経費の節減策が実施されている。そして、2016年度決算では何とか赤字を回避した。

とはいえ、恒常的な赤字を回避するには、現役社員の賃下げに手を付けざるを得ない状況である。もしそれをやらなければ内部文書の指摘どおり、「繰延税金資産の取り崩しと新聞業の減損で赤字が数百億～1千億円規模」となり、「信用失い、取引条件悪化」し、「キャッシュ不足で運転資金が回らなくなる」ことになりかねないのだ。この点については、財務諸表からも確認できる。

新聞社は巨大な印刷所や流通センターなどを所有しているため、毎年巨額の減価償却費が発生している。2016年度の朝日新聞の減価償却費は約百億円である。減価償却費とは、設備を取得したあとに耐用年数に応じて設備の損耗分を計上する経費であり、実際のキャッシュは出ていかない。なぜなら、設備の取得時にキャッシュは支払い済みであるからだ。

そのため、朝日新聞が損益計算書のうえで赤字になったとしても、実際のキャッシュの増減との間にはズレが生じてしまう。この点を修正するには、キャッシュフロー計算書の数値を見るのが良い（グラフ2参照）。

下のグラフは、過去13期分の朝日新聞のキャッシュフローの推移を表したものだ。営業キャッシュフローとは文字どおり、本業で儲けたキャッシュを表している。10年ほど前、朝日新聞の本業のキャッシュフローは毎年300億円もあったが、ここ2～3年は150億円前後に半減している。

莫大な内部留保で株を買う

投資活動によるキャッシュフローとは、儲けたお金で株や不動産などを購入し、そこから配当や賃料を得た結果、キャッシュが増えたか減ったかを表している。朝日新聞は、これが一貫してマイナスだ。

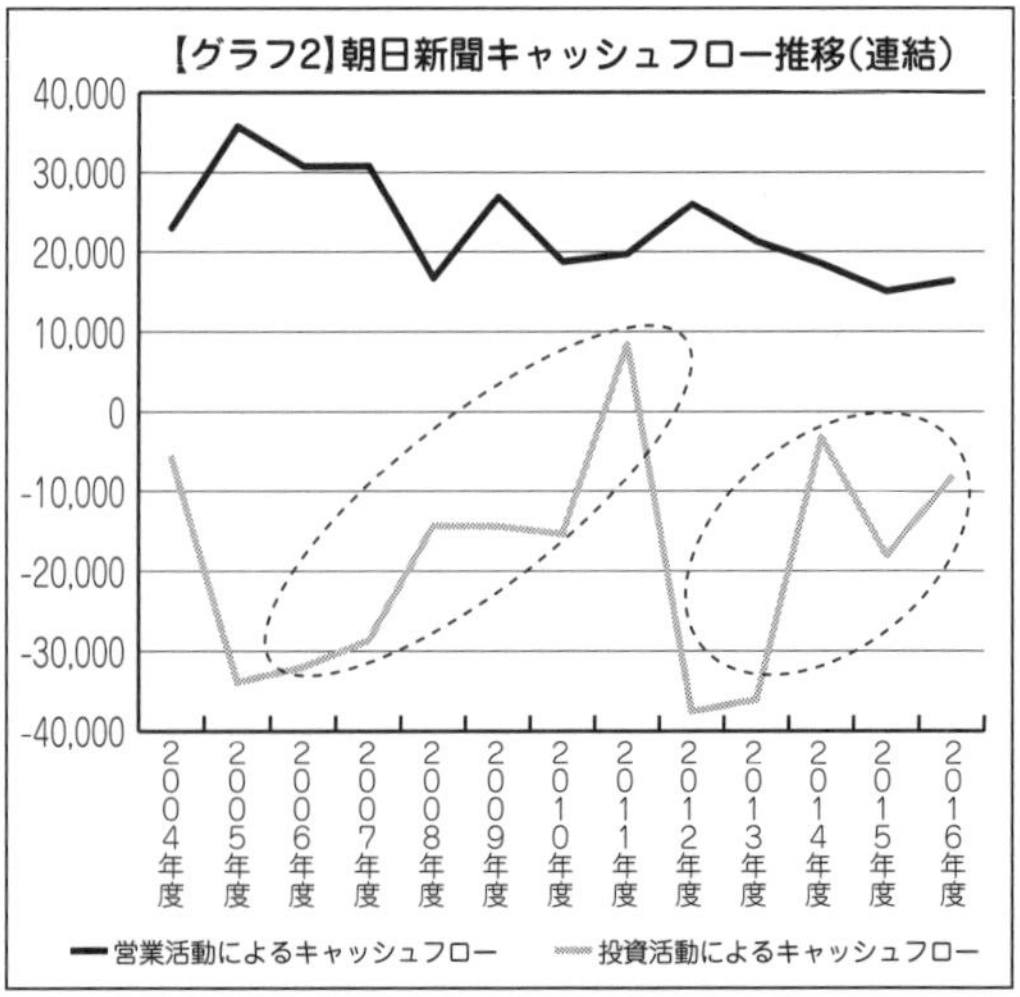

しかし、これは経営上悪いことではない。なぜなら、朝日新聞は本業の儲けで株や不動産を取得しているからだ。投資活動によるキャッシュフローがマイナスなのは、単に資産を購入したときの支払いでキャッシュを使っているからにすぎない。営業活動のキャッシュフローが半減したにもかかわらず、いまだにこれがマイナスであるということは、朝日新聞は株や不動産の溜め込みをやめていないということだ。

ちなみに、朝日新聞が事あるごとに攻撃している企業の内部留保だが、日本企業の平均値は総資産の25％程度であると言われている。これに対して、朝日新聞の内部留保は、代表的な勘定科目である利益剰余金で見た場合、総資産の約50％（３０８０億円）にも上る。

中身を見てみると、その大半はテレビ局やラジオ局の株式と不動産に化けている。実は、この莫大な内部留保によって株を買うことで、朝日新聞はメディアを支配しているのだ。これはクロスオーナーシップと呼ばれ、他の先進国では禁止されているメディアの独占である。日本のマスコミが偏向報道をいくら垂れ流したところで誰も批判しない訳は、この企業支配の構造にあると言ってもいいだろう。

この構造に風穴を開けるためにも、やはり朝日新聞に潰れてもらうしかない。そのキッカケになるかもしれない兆候が早くも表れている。先ほど示したキャッシュフロー推移のグラフをご覧いただきたい。点線の丸で囲んだ部分に注目してほしい。2006年から16年にかけて、2012年と15年を例外として投資活動によるキャッシュフローのマイナス幅が縮小している。これは、土地や株を買うために使ったお金が減ったことを示している。つまり、株や不動産を買う余裕が徐々になくなってきていることを示唆するものだ。新聞事業が部数減少で不調となり、営業キャッシュフローが減少したことが影響していると考えられる。

この傾向がさらに助長され、本業のキャッシュ不足をこれまで溜め込んだ資産の売却で埋めるようになれば、キャッシュフローが反転したと言えるだろう。これこそが、先の内部文書が指摘する「キャッシュ不足で運転資金が回らなくなる」状態だ。

朝日新聞はそういう状態になる途上にはあるが、まだ完全にはそうなっていない。なぜなら、経費節減や人件費カットで何とか踏み留まっているからである。しかし、売上が継続的に減少するならその努力もいずれ限界を迎える。一体、その時はいつ来るのか？

押し紙の衝撃的な実態

より具体的に、朝日新聞の販売部数があと何万部減ると「キャッシュ不足で運転資金が回らなくなる」状態になるかについて考察してみよう。

ただ、この考察を行ううえで非常に大きな問題がある。朝日新聞の本当の実売部数は公表されていないからだ。巷《ちまた》では、公称の数字より200万部程度少ないと言われている。『FACTA』によれば、「朝日新聞の発行部数の32%に当たる209万部超が毎日読者に配達されないまま廃棄されている」とのことである。同誌は次のように報じている。

(朝日新聞の)「販売局有志」が昨年、経営上のガバナンスが欠如しているとして取締役会を告発した内部文書と付属の資料で、同社の「押し紙」の衝撃的な実態が明らかになった。本誌が入手した朝日の内部文書によると、2016年の発行部数は654万部。押し紙が大部分を占める「残紙」の割合は32%で、実際に読者に配られている実売部数は444万7千部だった。毎日印刷される新聞紙のうち、実に3部に1部が配達されずに古紙回収業者を通じて処分されていることになる。(http://facta.co.jp/article/201705037.html)

新聞社の印刷所から販売店に納品されるものの、そのまま配達されることなく廃棄される新聞がある。いわゆる「押し紙」だ。朝日新聞の公式見解では、押し紙は一部も存在しないことになっているが、はたしてそうだろうか?

朝日新聞の押し紙問題は、2016年2月に日本記者クラブで行われた杉本和行公正取引委員会委員長の講演会（2017年2月）における質疑応答でも指摘されている。その時の様子を、産経新聞・iRONNAが次のように報じている。

最後に手を挙げたのは、朝日新聞のO記者だった。O記者は「（朝日では）25%から35%くらいが押し紙になっている。どこの販売店主も何とかしてほしいのだけれど、新聞社がやってくれない。（中略）押し紙の問題については委員長、どのようにお考えになっていますか?」と質問した。

O記者の言う通りなら、朝日の公称660万部のうち、200万部が実際には配られていないことになる。公取委は本誌取材に「注意をしたのは事実だが、その内容については個別の案件には答えられない」と回答した。（http://ironna.jp/article/4130）

もう一つ、私が独自に行ったシミュレーションを紹介しておこう。２００６年度から16年度にかけて、朝日新聞単体の売上は33％減少している。ところが、この間、ＡＢＣ部数は約20％しか減っていない。そこで、単純に売上減少割合を部数の減少割合と見做《みな》し、『ＦＡＣＴＡ』が報じた朝日新聞の２０１６年度の実売部数４４４万７千部を基準にして、２００６年の実売部数を逆算してみた。計算式は次のとおりである。

４４４万７千部 ÷（１－０・33）≒６６３万７千部

２００６年上半期の朝日新聞のＡＢＣ平均販売部数は８０９万３千部であり、実売部数が６６３万７千部ならば、押し紙率は18％ということになる。10年前に18％だった押し紙率は、現在、32％まで上昇しているのだろうか？　たしかに、この10年間で朝日新聞の業績はかなり悪化しているので、それを隠そうとする意図があったのかもしれない。

また、部数が減少すると新聞広告の媒体価値が下がるので、無理やり数字を吊り上げて偽装していた可能性もあるだろう。広告主からすれば許し難いことであるし、詐欺罪で告発されても文句は言えないだろう。

この点については、インターネットのニュースサイト「ＭｙＮｅｗｓＪａｐａｎ」が２０１５年４月２日、朝日新聞の内部資料を根拠として次のように報じている。

このほどＭｙＮｅｗｓＪａｐａｎが入手した朝日新聞社の内部資料によると、２０１４年度、販売店に搬入される朝日新聞の28％が購読料収入になっていない偽装部数であることが分かった。関東地区の朝日販売店主は現場の実情を踏まえ「信憑性《しんぴょうせい》が高い」と話し、朝日新聞広報部はこの資料を否定しなかった。（中略）公称部数を14％減にとどめた過去10年だが、偽装率（押し紙率）を12％→28％に激増させた結果、実部数は加速度をつけて30％も減らし、直近で約５１０万部と推計されることがわかった。

(http://www.mynewsjapan.com/reports/2141)

この記事の指摘が正しいとするなら、２００４年に12％だった押し紙率は、２０１４年までに28％まで増加したことになる。ここに私の推計と『ＦＡＣＴＡ』の記事の数値を加えて、押し紙率を時系列で並べてみよう。

・２００４年　12％
・２００６年　18％
・２０１４年　28％

・2016年　32％

エクセルにこの数値を入力して近似曲線を求めると、押し紙率過去13年分の推計値を簡単に求めることができる。結果は下のグラフのようになった（グラフ3参照）。

この結果は、朝日新聞のO記者が述べた押し紙率25％から30％という情報とも整合する。おそらく朝日新聞は業績の悪化を隠し、広告費の過剰請求を正当化するために押し紙率を高めていたのではないか？

新聞販売店から大量に回収される古新聞や、折り込まれていない広告などの目撃情報が相次いでいるのもたしかだ。実際に画像や動画などは、インターネット上で検索すればいくらでも出てくる。朝日新聞が「押し紙は1部

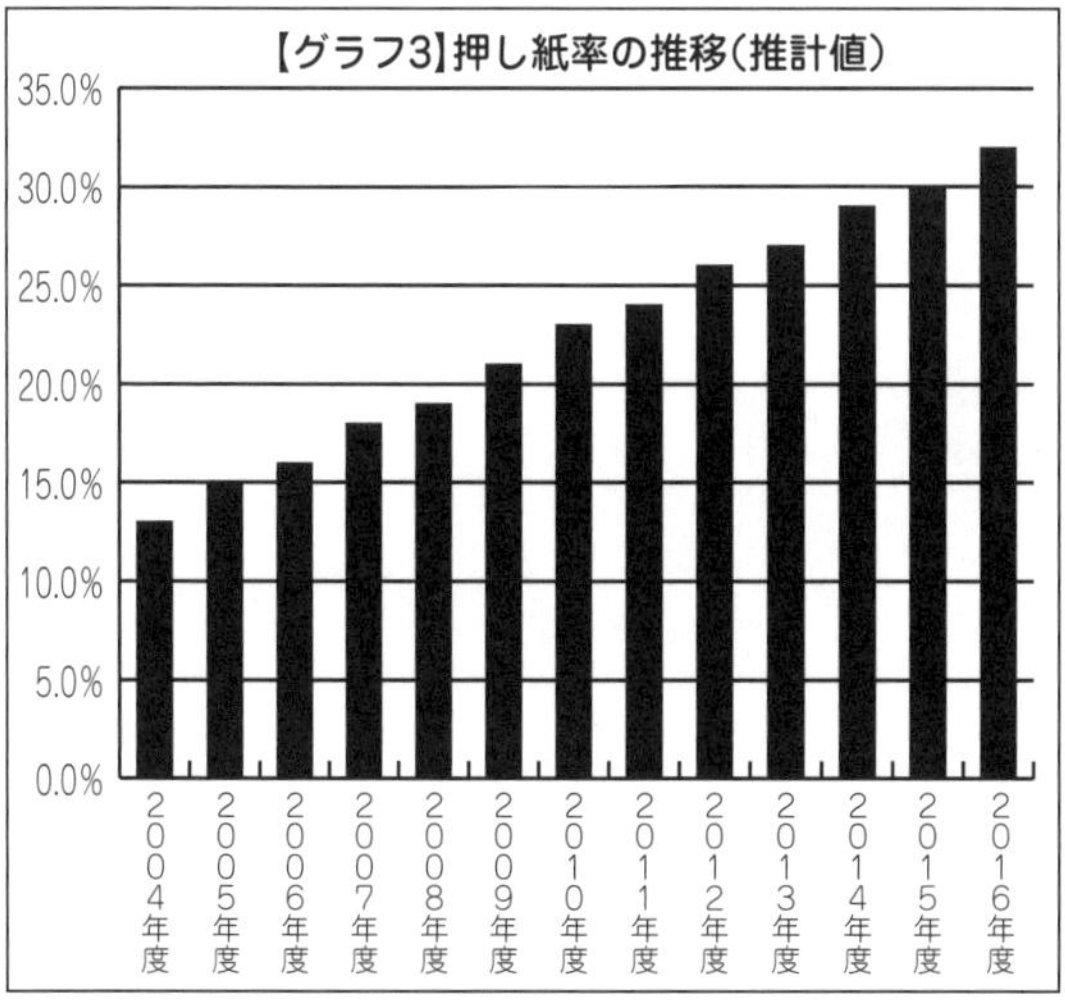

もない」とするなら、反証に足るしっかりした根拠を示すべきだ。

モリカケ問題では、「安倍総理が関与していないことを証明せよ」などと、いわゆる「悪魔の証明」を要求しているのが朝日新聞である。その言葉を、ついに自らが実行する時がきたのではないだろうか。

300万部割れの可能性も

2017年11月現在の朝日新聞の公称販売部数は、613万部である。仮に押し紙率が32%だとすると、実売部数は約417万部だ。

2017年上期のABC部数（1月～6月の平均部数）によると、朝日新聞の販売部数は625万部で、前年比32万5千部のマイナスだった。2016年6月度（上半期）は21万3千部のマイナスだったので、解約ペースは約50%もアップしている。この調子で行けば、2018年度中には400万部割れは確実な情勢だ。2020年の東京オリンピック・パラリンピックが終わる頃には、300万部割れの可能性すらある。

仮に、2018年の解約部数が17年と同程度の33万部だったと仮定した場合、8%の部数減となる。これと同率で売上高がマイナスになったとすると、経常利益および営業活動によるキャッシュフローにはどんな変化があるだろうか。

過去13期分の連結売上と営業キャッシュフローの推移から、散布図を作成して近似曲線を求めると、下のグラフのような相関関係があることがわかった（グラフ4参照）。

当たり前のことだが、売上が増えればそれだけたくさんのお金が入ってくるので、営業キャッシュフローも増加する。キャッシュフローの増加ペースは、売上1千億円あたり約6・3億円である。2016年度の朝日新聞の営業活動によるキャッシュフローは164億円なので、これをゼロにするために

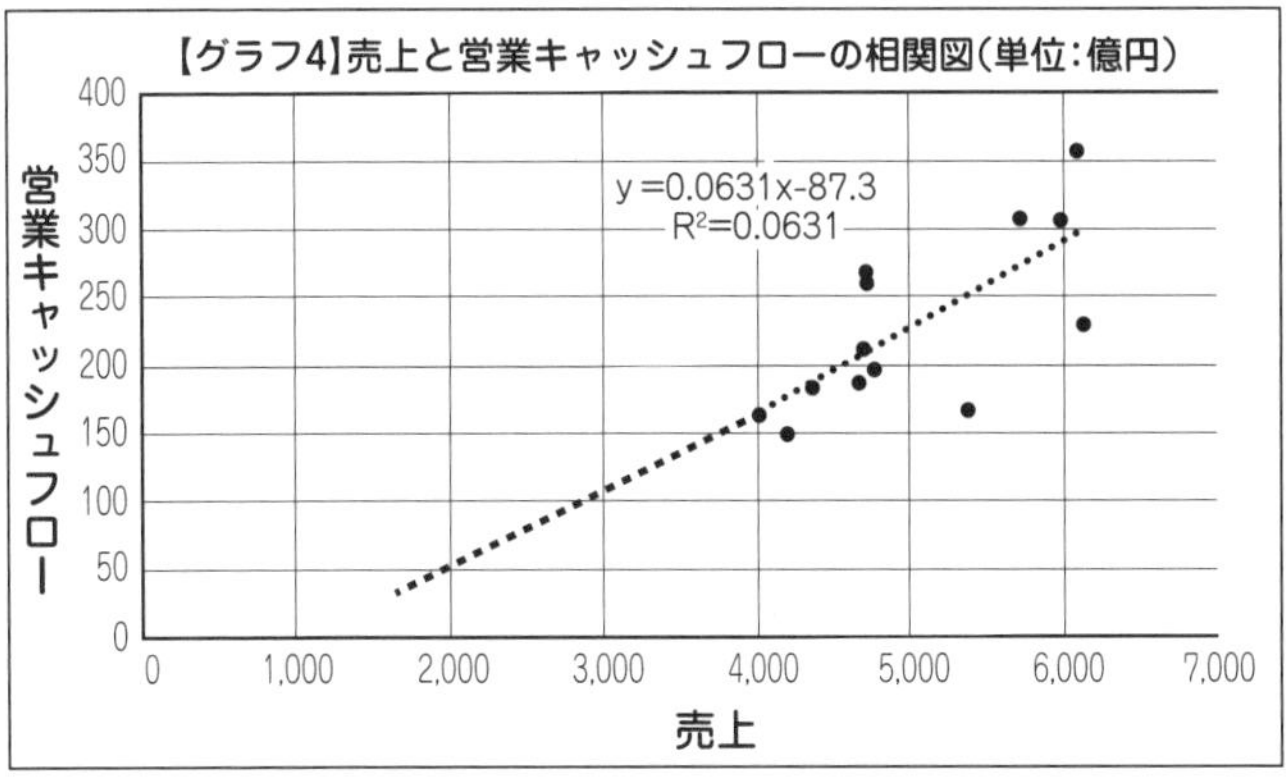

はあと2500億円、売上を削る必要がある。朝日新聞の新聞事業単体の売上が約2600億円なので、文字どおり、販売部数もゼロにしなければならないという計算だ。

しかし、実際にはここまでやる必要はない。仮に2017年の解約数（純減数）32万5千部を基準に、毎年10％ずつ解約ペースが上がっていくと仮定すると、3年間で約120万部の「新規解約」が発生することになる。その時、朝日新聞の実売部数は200万部台に突入し、マスメディアとしての影響力は大きく失われるだろう。

また、このグラフに従えば、その時の営業キャッシュフローは100億円前後に落ち込むことになる。これこそが「キャッシュ不足で運転資金が回らなくなる」状態である。

もちろん、さらなる給与カットやリストラを断行すれば何とかなるかもしれない。しかし、度重なる経費節減と人件費のカットを喰らった朝日新聞の社員諸君は、働く意欲を持つだろうか。他人事ながら心配だ。

2017年12月7日の朝日新聞には、「官製春闘『もういい加減に』金属労協議長が政権に疑義」というヘッドラインが躍った。安倍総理は5年連続で、民間企業に対して賃上げを求めている。朝日新聞はこれをやめてくれと言いたいらしい。

ならば朝日新聞の記者諸君は、自ら官製春闘に頼らない待遇改善を経営陣に要求してみてはどうだろうか？　朝日新聞紙上に「アベノミクスの恩恵が行き届いていない」という記事を散見するが、それは朝日新聞社を中心とする半径5メートル以内の話のような気がしてならない。朝日新聞がこういう状態に追い込まれたのは、新聞再販制度に安住して経営努力を怠《おこた》ってきた経営陣のせいだ。

また、日刊新聞法という悪法により、株式の譲渡制限が課せられているため、雇われ社長がやりたい放題になっているという弊害もある。いまこそ、この悪弊を糺《ただ》し、社員の待遇改善を勝ち取る時ではないだろうか？　安倍総理に文句をつけている暇《ひま》があったら、自分の会社の経営陣を問い質《ただ》してみてはどうだろう。

ボヤボヤしていると、朝日新聞の部数減に拍車がかかってしまうかもしれない。全国各地にいるアンチ朝日新聞の「一般市民」約1万人が、毎月3〜4件を目標に新規解約の勧誘をしていると聞く。仮に毎年36万〜40万部の減少が5年も続けば、朝日新聞の部数は半減する。その時、朝日新聞は「キャッシュ不足で運転資金が回らなくなる」状態になるだろう。そしてそれを回避するためには、さらなる激烈なリストラと経費カットに手を染めるしかない。

赤旗の専従職員が酷い待遇で働かされていることは有名だが、朝日新聞が、論調だけでなく社員の待遇までも赤旗化する可能性は、十分にあると思われる。

おわりに

自由な国、日本。確かにそうだ。少なくとも支那や北朝鮮に比べればずっとマシだと思う。しかし、ここまで見てきた通り、これだけ高度に自由主義経済を発展させてきた日本であっても、いまだ数多くの社会主義的な岩盤規制が存在する。それは日本経済の発展のチャンスを潰し、利権に群がる特権階級を喜ばせるだけでなく、本来市場から退場すべき非効率産業をゾンビのごとく生き残らせてしまう。第6章で述べた通り、医療費の約3割が無駄というのは何も医療費だけに限ったことではない。これを国の財政政策全般に敷衍《ふえん》すれば、毎年100兆円の国の予算のうち30兆円は無駄に使われていることになる。国民の財布から盗んだお金が、岩盤規制の維持に使われているのだ。何とも釈然としないが、問題はこれだけではない。

岩盤規制は、日本人の経済活動の自由を妨害し、新しいアイデアを持った人間を委縮《いしゅく》させる。それは市場機能を麻痺《まひ》させ、非効率的な産業をのさばらせる。市場機能とは、「人々が自由なアイデアをぶつけ合って、競争することでより良いアイデアが生き残る」ことだ。それを活かすためには、いろいろなアイデアを持った人が新しい事業を立ち上げ、失敗しても何度もチャレンジできる社会を作るしかない。もっと具体的に言えば、ベンチャー企業が既存の大企業と平等に競争できる環境を整備すること。これこそが日本経済の発展には欠かせない。

ところが、本書で指摘した通り、未だ多くの分野に市場機能を阻害する岩盤規制が存在する。その多くはすでに歴史的な役割を終え、単なる利権と化している。いつまでこんな非効率なことを続けるのか。バター不足も、待機児童も、医療費の高騰も、偏向報道も基本的には岩盤規制に起因する「人災」だ。

いわゆる「新自由主義批判」の家元で、反グローバリズム運動の理論的支柱と言われるデヴィッド・ハーヴェイ（イギリスの地理学者）は、政府が税金免除、補助金、参入障壁としての法規制などで特定の企業を儲けさせ、そこからバックマージンを受け取る構造こそが「新自由主義」だと定義している。この定義に従うなら、天下りや利権とセットになっている日本の岩盤規制こそが「新自由主義」の権化《ごんげ》だ。

ところが、日本で新自由主義批判をしている一部勢力は、自由化よりもむしろ規制強化で新自由主義的政策がなくなると吹聴《ふいちょう》している。本書をここまでお読みいただいた諸君なら、これが完全な誤解であり、皮肉にも彼らの主張はむしろ新自由主義を擁護、強化するものであることが分かるだろう。救いようのないバカである。

さらに皮肉なことであるが、岩盤規制の撤廃にいま一番積極的な政治勢力は安倍政権だ。敢えて言えば、安倍総理と菅義偉《すがよしひで》官房長官。この二人しかいない。

認定こども園について、私は本文で問題の本質的な解決になっていないと批判したが、確かに何もやらないよりはマシだと思う。遅きに失した感もあるが、最も厄介な電波オークションも実施されようとしている。また、菅官房長官は携帯電話の料金を4割程度値下げできるはずだと発言している。これも寡占《かせん》化の弊害《へいがい》打破を図るものであり評価できるだろう。また、安倍政権はＴＰＰやＥＵとのＥＰＡの締結によって、関税や非関税障壁の多くを撤廃した。これは日本の消費者にとっては朗報だ。

安倍一強とマスコミが批判し、ウソや捏造《ねつぞう》報道をして支持率を落とそうとしても、なかなか支持率が下がらない理由はまさにここにある。逆に、野党の支持率が上がらない理由も同じだ。国民は岩盤規制が自分たちの財布からお金を盗んでいることを知っているのだ。

しかし、いくら安倍政権であっても経済政策に失敗すれば終わりだ。消費税増税によって消費が低迷し、デフレに逆戻りすれば、それで安倍政権は終わる。岩盤規制を守りたい既得権者たちの高笑いが聞こえてきそうだ。そして、憲法改正を阻止したいマスコミが増税に積極的な理由もこれかもしれない。日本経済の完全復活まであと一歩。いまそんなリスクを取る必要があるのか？　せめて日銀がインフレ目標を達成するまで増税は凍結するべきだ。景気が良い状態を保つことこそが、岩盤規制を打破するための必要条件でもあるのだ。我々は次世代に金食い虫を残すのか、それとも金の卵を産む鶏を残すのか？　いまままさにその岐路《きろ》に立っていると言えるだろう。

安倍総理には日本経済の完全復活のための正しい判断を期待したい。

【著者略歴】

上念 司（じょうねん つかさ）

1969 年、東京都生まれ。中央大学法学部法律学科卒業。在学中は創立 1901 年の弁論部・辞達学会に所属。日本長期信用銀行、臨海セミナーを経て独立。2007 年、経済評論家・勝間和代と株式会社「監査と分析」を設立。取締役・共同事業パートナーに就任（現在は代表取締役）。2010 年、米国イェール大学経済学部の浜田宏一教授に師事し、薫陶を受ける。金融、財政、外交、防衛問題に精通し、積極的な評論、著述活動を展開している。

著書に『≪完全版≫「日本ダメ論」のウソ』（イースト・プレス）、『財務省と大新聞が隠す本当は世界一の日本経済』『経団連と増税政治家が壊す本当は世界一の日本経済』(講談社 + α 新書)、『「日銀貴族」が国を滅ぼす』(光文社新書)、『経済で読み解く　大東亜戦争』『経済で読み解く 明治維新』『経済で読み解く　織田信長』『経済で読み解く　豊臣秀吉』(KK ベストセラーズ) 他多数。

日本を亡ぼす岩盤規制
既得権者の正体を暴く

2018年11月9日　第1刷発行

著　者　上念 司

発行者　土井尚道
発行所　株式会社　飛鳥新社
〒101-0003 東京都千代田区一ツ橋2-4-3　光文恒産ビル
電話（営業）03-3263-7770（編集）03-3263-7773
http://www.asukashinsha.co.jp

装　幀　神長文夫＋松岡昌代
印刷・製本　中央精版印刷株式会社

ISBN978-4-86410-647-4

グラフ作成　ハッシイ

編集担当　沼尻裕兵　工藤博海